N° 207 (Bibl... 1883)

LE SIECLE DE LOUIS XIV.

TOME PREMIER.

LE SIECLE DE LOUIS XIV.

PAR
Mr. DE VOLTAIRE.

TOME PREMIER.
NOUVELLE EDITION,
Augmentée d'un très grand nombre de Remarques,

PAR
Mr. DE LA B***

Non ego illi detrahere auſim
Hærentem capiti multa cum laude coronam.

HORACE.

FRANCFORT,
Chez la Veuve KNOCH & J. G. ESLINGER.
M DCC LIII.

LE
SIECLE
DE
LOUIS XIV.
PAR
M*. DE VOLTAIRE.
TOME PREMIER.
NOUVELLE EDITION.

Augmentée d'un grand nombre de Remarques,
PAR
Mr. DE LA B***.

Non ero ülli obnoxius nomini. *Plin.*
Posteritas unicuique suum Famæ Testimonium reddet.

A LONDRES.

PREFACE
DE
LA PREMIERE EDITION.

LE manuscrit de cet ouvrage m'aïant été remis par l'Auteur, je le lus avec une très-grande attention; j'y remarquai un amour extrême de la vérité, & une impartialité

entiére

entiére sur toutes les matiéres qui y sont traitées. C'est surtout par ces raisons, que je me suis fait un devoir de le faire imprimer, sous les auspices d'un Monarque à qui la vérité n'est pas moins chére que la gloire; & qui, de l'aveu de l'Europe, est aussi capable d'instruire les hommes, que de juger de leurs ouvrages.

J'ai préféré une Edition commode en deux petits volumes, à une plus magnifique & plus grande; & j'ose assûrer, que dans ces deux petits volumes on trouvera

plus

PREFACE.

plus des faits intéreſſans, & plus d'anecdotes curieuſes, que dans les collections immenſes qu'on nous a données juſqu'ici ſur le Regne de Louis XIV.

Au reſte, quoiqu'il ſoit queſtion à la fin de cet ouvrage des choſes que Louis XV. a éxécutées par lui-même, & que plus d'un établiſſement de Louis XIV. ait été perfectionné par ſon Succeſſeur; cependant il a paru, que le titre du Siecle de Louis XIV. devoit ſubſiſter, non ſeulement parce que c'eſt l'hiſtoire d'environ quatre-vingt années,

années, mais parce que la plûpart des grands changemens, dont il est parlé, ont été commencés sous ce regne.

TABLE

AVERTISSEMENT
Du Libraire.

L'Edition que je donne au public prouve l'envie que j'ai de lui plaire. Je lui offre un excellent livre, augmenté de remarques qui le rendront encore meilleur. Je ne prétends pas diminuer la gloire de M. de Voltaire; je veux seulement me rendre utile à ceux qui le lisent.

Si cet essai de remarques réussit, je donnerai tous les bons livres françois,

AVERTISSEMENT.

çois, qu'on peut regarder comme auteurs classiques avec des remarques de stile & de gout.

Cette édition n'a point la bizarerie de l'ortographe de celle de Berlin, ni ce grand nombre de fautes qui défigurent celle de Gibert de la Haye. Ce dernier s'est avisé de changer le titre de l'ouvrage. Je n'ai point cru que cela fut permis, & je l'ai rétabli.——

CONSEILS A L'AUTEUR DU SIECLE DE LOUIS XIV.

LETTRE I.
A Mr. DE *VOLTAIRE*.

JE VIENS enfin de lire, Monsieur, votre Siecle de Louis XIV. Je l'ai trouvé, comme tout ce que vous faites, admirable, plein de feu, plein de sens. A la vivacité de votre stile, on ne le croiroit pas l'ouvrage de vingt années: l'esprit s'appesantit sur les matieres à force de les manier; mais le votre ne se ressent ni du poids de l'âge ni de la longueur du travail: vous êtes même

plus

plus antithétique, plus saillant, plus décousu que jamais.

Qui auroit cru, qu'après avoir écrit avec tant de rapidité & d'élégance l'histoire de Charles XII. vous pussiez ecrire avec tant de succès l'histoire d'un prince qui lui ressemble si peu ? vous soumettés tous les sujets à votre génie comme vous pliez tous les faits à vos raisonnemens.

Il est heureux, que le seul homme capable d'exécuter un aussi beau projet que le vôtre, ait été assez hardi pour l'entreprendre. Quelle leçon pour notre patrie, pour notre siécle! quelle leçon pour la postérité, si votre livre y va!

Il y ira, rassurez vous, Monsieur; il y ira, avec Montesquieu, avec Corneille, avec Milton, avec Montaigne, avec Tite-Live, avec tous ces grands hommes que vous surpassez tous.

Que les vaines clameurs d'une cabale jalouse ne prennent point sur votre tranquillité. Conservez à votre patrie un citoïen qu'elle estime, qu'elle aime, qu'elle regrette, à deux grands Roix un officier utile, à Potzdam un solitaire aimable par son enjoüement, par l'égalité de son humeur, par la verité de son caractére,

caractére, par son aversion pour l'intrigue, à Berlin un négociant honnête homme, aux talens un protecteur, aux malheureux un ami, aux pauvres un père, à l'univers un sage.

Laissez à ceux qui détestent votre personne l'affreux plaisir de déchirer vos écrits: la haine meurt; le génie est immortel.

L'envie vous attaque jusques dans votre solitude: vengez vous de l'envie par de nouveaux chefs-d'œuvre.

Laissez tomber en paix Semiramis, Electre, Adelaïde, Vendome, Rome sauvée: le bon goût sçaura bien dire au siécle de Louis XXX. que ces piéces valent Alzire.

Que l'indécision, où le public paroit être aujourdhui sur le véritable prix de vos talens ne vous jette pas dans l'incertitude sur le sort de vos écrits. Quoiqu'en disent des experts injustes, corrompus, ingrats, je vous assure, Monsieur, & vous le savez bien, que vous êtes le premier homme du monde. Et quel autre que vous pouvoit être le Tacite de France après en avoir été le Lucain?

Il viendra un tems, & ce tems n'est peut être pas éloigné, où l'on appellera

le

le dixhuitième siécle le siécle de Voltaire, comme on appelle aujourdhui celui d'Auguste le siécle de Varron, suivant votre fine & judicieuse remarque: L'univers doit cet hommage à la supériorité de vos talens, à l'immensité de vos connoissances, & encore plus à la bonté de votre cœur, à la délicatesse de votre probité, à cette humanité que vous prêchez si bien, & que vous pratiquez encore mieux, à ce desintéressement, la premiere de vos vertus.

Envain la calomnie exhale son venin contre vos mœurs: seriez vous assez peu philosophe, Monsieur, vous qui l'êtes tant dans vos écrits, pour ne pas la mépriser. Que l'estime des gens d'esprit vous console des injures des beaux esprits; Potzdam a bien sçu vous consoler de Paris! encore un pas, Monsieur, & vous écrasez tous vos ennemis. Déjà, quelle nuée de témoins dans ces certificats de probité, dont vous avez rempli avec tant de délicatesse toutes les éditions de vos œuvres! Avec quel plaisir ne me joindrois-je pas, s'il le falloit, à ces témoins? Pour réfuter cet infame volume de mensonges imprimés contre l'homme le plus respectable du siécle, je n'aurois qu'à faire un récit naïf de votre

e conduite à mon égard, de la sincé-
é de vos confidences, de votre aver-
on pour les faux bruits, de la solidité
e vos promesses, de votre douceur
ns les cas épineux, de la droiture de
os procédés, de votre incapacité de
ire de sang froid.

Que ne puis-je vous témoigner, Mon-
eur, toute ma reconnoissance! Dai-
ez en agréer cette foible marque;
est la seule que je puisse vous donner
la seule digne de vous, de vous,
onsieur, qui aimez bien mieux enten-
re la vérité, que vous n'êtes sensible
la louange.

Je vais donc vous dire avec franchise
on sentiment sur votre *siécle*: j'en fe-
ai un examen détaillé, je vous propo-
erai mes doutes: peut-être quelques
nes de mes remarques mériteront-elles
otre attention; du moins vous prou-
eront-elles toutes mon zele pour votre
loire & pour la perfection de votre
vre.

Je me servirai de l'édition de la Haye
mprimée suivant la copie de Berlin,
ubliée par M. de Francheville, con-
eiller aulique ou pour mieux dire con-
eiller de cour. C'est la seule qui ait
ncore vu le grand jour. J'attends avec

beau-

beaucoup d'impatience la seconde, qu'on m'écrit que vous annoncez comme la véritable, ce que je crois volontiers, n'étant pas à présumer, que la premiere que vous avez si bien venduë à Walther de Dresde soit bien bonne & bien autentique. Tous ces libraires payent si mal!

Je suis très tendrement, Monsieur, votre très humble & très obéïssant serviteur.

Lettre II.
Au même.

La préface de votre livre ne plait pas à tout le monde : on dit, qu'elle est concertée avec l'éditeur, & qu'un auteur qui écrit pour l'immortalité n'a que faire des louanges d'un ami.

Dailleurs, je voudrois bien savoir, de quoi s'avise M. de Francheville de prévenir le jugement du public ? si vous donniez quelques éloges à quelque livre d'un conseiller de cour, ce livre se vendroit mieux : mais qu'un conseiller de cour encense votre livre, croyez moi, Mon-

Monsieur, foible ressource pour la gloire & pour le debit.

Je pardonne à votre éditeur, car enfin il faut bien qu'un éditeur dise quelque chose, & qu'une préface contienne ou des louanges ou des mensonges: mais je ne puis vous pardonner de lui avoir permis de dire; *qu'il remarqua dans votre manuscrit une impartialité entiere sur toutes les matieres qui y sont traitées, & que dans ces deux petits volumes on trouvera plus de faits intéressans & plus d'anecdotes curieuses, que dans les collections immenses qu'on nous a données sur le Regne de Louis XIV.* On dit, que vous vous cachez derriere M. de Francheville, que vous louez indécemment votre ouvrage par sa bouche, qu'il n'est pas possible qu'une aussi vive imagination que la votre ne se passionne pas, & ne nuise pas à cette exacte impartialité que vous promettez. On ajoute, que le public ne connoit point ces immenses collections sur le regne de Louis XIV. & qu'il ne croit plus aux promesses des éditeurs ni des préfaces, qui disent presque toujours ce que le public ne dit jamais.

Au reste, dit M. de Francheville, *quoique plus d'un établissement de Louis*

XIV. ait été perfectionné par son successeur, cependant il a paru que le titre de siécle de Louis XIV. devoit subsister, non seulement parce que c'est l'histoire d'environ 80. années, mais parce que la plûpart des grands changemens dont il est parlé ont été commencés sous ce regne. Il y a bien d'autres objections contre votre titre : M. de Francheville les dissimule toutes, & ne répond qu'à la plus foible. Les voici.

Le Siecle de Louis XIV. ce titre n'est-il pas trop oratoire, trop brillant, trop fastueux ? Quand je vous dis l'hiver passé le titre que l'on vous prêtoit, vous me répondites avec ce ton de supériorité qui vous va si bien : est-ce ainsi que Salluste, Tite Live, Tacite intituloient leur histoire ? Je m'attendois donc à un titre simple, modeste, dans le gout romain. Mais quand j'ai vu celui que vous aviez choisi, j'ai dit, il me semble, que ce titre est dans le gout françois, & que Salluste, Tite-Live, Tacite n'intituloient pas ainsi leurs livres.

Le Siecle de Louis XIV. ce titre n'est il pas trop vague ? la clarté n'y est-elle pas sacrifiée au laconisme ? Il ne présente aucune idée précise ; il n'arrete l'esprit à aucun objet déterminé. On croit

DU SIECLE DE LOUIS XIV. xix

[...]oit d'abord qu'il dit beaucoup ; mais [qua]nd on le voit à la tête de deux petits [vo]lumes, on voit bien qu'il ne dit rien.

Le Siecle de Louis XIV. eſt-ce [le] ſiécle, où Louis XIV. a joué un ſi [gr]and rôle ? en ce cas là, le *ſiécle de [Lo]uis* ſuffiſſoit.

Mais le ſiécle dixſeptieme eſt-il bien [le] ſiécle de Louis XIV. ce ſiécle n'ap[pa]rtient-il pas également à Guillaume III. [qu]i y a ſi bien repréſenté ? Ce titre n'eſt[-il] pas injurieux aux autres nations ? [Q]uels ſont les peuples que Louis XIV. [a ti]ré de l'eſclavage, de la barbarie, ou [de] la miſere ? Ce titre ne donne pas [un]e haute idée de votre impartialité ; il [ſe]mble être l'effet de cette prévention [in]juſte qui fait qu'on reproche ſans ceſſe [à] notre nation de ramener tout à elle-[m]ême.

Vous répondez à cela dans une lettre [d']un Anglois, inſérée dans la derniere [é]dition de vos œuvres, que vous l'ap[p]ellez le ſiécle de Louis XIV. comme on [a]ppelle le quinzieme ſiécle le ſiécle de [L]eon X. Mais, je vous prie, quel eſt [l']auteur, quel eſt le peuple qui l'appelle [a]inſi ? Vous même, vous lui donnez le [n]om de Medicis, & vous lui ôtez le nom

de

de siécle de la réformation qui lui convient beaucoup mieux.

Voilà, Monsieur, ce qu'on dit sur votre titre : quoique mauvais, je vous conseille de ne le pas changer, à moins que vous ne voyez dans la suite, que votre livre pourra gagner à être publié sous un titre tout différent.

Lettre III.
Au même.

JE continuois mon examen, & j'en étois à votre carte politique de l'Europe lorsqu'un ami est entré chez moi, & m'a dit sur votre Livre tant de choses, que vous jugerez bien de mon indignation, vous, Monsieur, qui connoissez mes tendresses & mes admirations pour vous. Voici sa principale objection, cherchez y vite une réponse, car je n'imagine pas qu'il y en ait ; mais vous avez des ressources infinies.

„L'objet de M. de Voltaire est de
„donner non une histoire, mais un ta-
„bleau

DU SIECLE DE LOUIS XIV. xxj

[ta]bleau du siécle de Louis XIV. on veut [e]ssayer, dit-il, dès l'entrée, de pein[d]re à la postérité non les actions d'un [s]eul homme, mais l'esprit des hommes dans le siécle le plus éclairé.

„ Ce projet est beau, grand & digne [sa]ns doute de la postérité & de Mon[t]esquieu: mais il est fort au dessus de [M.] de Voltaire, & vous en allez juger [p]ar l'éxécution.

„ Il a fallu faire un plan; il l'a fait: [m]ais bon Dieu! quel plan! il a divisé [s]on ouvrage en deux parties; il a don[n]é la premiere aux événemens politi[q]ues & militaires, & la seconde à des [p]articularités sur Louis XIV. & à des [g]énéralités sur les arts.

„ Cette division, il l'a rempli en fe[s]ant dans le premier volume le récit [d]es campagnes de Louis XIV. & en [m]ettant dans le second quelques anec[d]otes, quelques considerations sur les [p]rogrès des arts utiles & des arts agré[a]bles, & un abrégé des disputes de [r]eligion: le tout, avec un stile bril[l]ant, négligé, épigrammatique, quel-

„ que-

„ quefois plaifant, dans le premier to[
„ me rapide, dans le fecond lâche &[
„ diffus. A tout cela fe font jointe[
„ mille réflexions ufées, dont pas qua[
„ tre ne vont au but, un tableau d[
„ l'Europe jufqu'en l'année 1750. qui n'[
„ nulle connexion avec fon objet, &[
„ une lifte raifonnée, mais raifonnée e[
„ dépit du bon fens, des bons & mau[
„ vais auteurs qui ont ou terni ou illu[
„ ftré le fiécle de Louis XIV.

„ Puifqu'il vouloit peindre les hom[
„ mes, il auroit dû divifer fon travai[
„ en quatre parties. Dans la premiere[
„ il auroit dit ce qu'ils étoient avan[
„ Louis XIV. dans la feconde ce qu'ils[
„ furent fous ce prince, dans la troifiè[
„ me ce qu'ils forcerent les etrangers d[
„ devenir, dans la quatrieme ce qu'ils[
„ font aujourdhui.

„ La premiere auroit été une introdu[
„ ction néceffaire, & la derniere un[
„ conclufion agréable. Les deux autre[
„ auroient formé le corps du bâtiment[

„ Si j'avois eu un pareil fujet à traiter[
„ je me ferois borné aux arts, à la po[
                                „ litique[

litique & aux mœurs. I. J'aurois pris les arts dans leur naiſſance, je les aurois ſuivis dans leurs progrès, j'aurois cherché les cauſes de leur décadence: dans cet article ſeroient entrés l'art militaire, Condé, Turenne, Louvois, Vendome, Villars, Ramelies, Malplaquet, Vauban, la marine, d'Etrées, du Guetrouin, Forbin, du Queſne, Renaud, la Hogue, la philoſophie, les mathematiques, la muſique, l'Eloquence, la danſe, le théâtre & tous ceux qui ont contribué à leurs progrès. II. J'aurois montré par quels reſſorts la politique a changé la face de l'Europe & les intérêts des Princes: dans cet article ſeroient entrés la paix de Weſtphalie, des pirénées, de Nimwegue, de Riſwick, d'Utrecht, l'adminiſtration des finances, le commerce, la reformation de la juſtice, la conſtitution de l'etat, le gouvernement intérieur, & peut être les affaires eccléſiaſtiques. III. J'aurois fait un tableau des mœurs, j'aurois fouillé dans l'origine des changemens qui nous ont rendus ſi différens de nous mêmes: dans cet article ſeroient entrés le fêtes, les plaiſirs, les amours, le caractére

„ de

„ de Louis XIV. & mille anecdotes qu[i]
„ auroient toutes été au but.

„ Le livre de M. de Voltaire est donc
„ mal fait: (horresco referens) Il a man-
„ qué son plan: il a donné une histoire
„ étranglée du regne de Louis XIV. au
„ lieu d'un tableau de l'esprit des hom-
„ mes dans le siécle de Louis XIV. com-
„ me il nous l'avoit promis.

Je n'ai rien répondu à cette objection,
parce qu'elle est d'un vrai qui saisit. Je
n'en suis pas moins votre très
humble.

TABLE

TABLE DES CHAPITRES.

TOME PREMIER.

CHAPITRE I.
Introduction.

CHAPITRE II.
Minorité de LOUIS XIV. victoire des François sous le grand Condé, alors Duc d'Enguien.

CHAPITRE III.
Guerre civile.

CHAPITRE IV.
Suite de la guerre civile, jusqu'à la fin de la rébellion en 1654.

CHAPITRE V.
État de la France, jusqu'à la mort du Cardinal Mazarin en 1661.

CHAPITRE VI.
LOUIS XIV. gouverne par lui-même: il force la branche d'Autriche-Espagno-

TABLE DES CHAPITRES.

le à lui céder par tout la préséance, & la Cour de Rome à lui faire satisfaction : il achette Dunkerque : il donne des secours à l'Empereur, au Portugal, aux Etats-Généraux, & rend son Roiaume florissant & redoutable.

CHAPITRE VII.
Conquête de la Flandre.

CHAPITRE VIII.
Conquête de la Franche-Comté : Paix d'Aix-la-chapelle.

CHAPITRE IX.
Magnificence de LOUIS XIV. Conquête de la Hollande.

CHAPITRE X.
Evacuation de la Hollande : seconde conquête de la Franche-Comté.

CHAPITRE XI.
Belle campagne & mort du Maréchal de Turenne.

CHAPITRE XII.
Depuis la mort de Turenne jusqu'à la Paix de Nimégue en 1678.

CHAPITRE XIII.
Prise de Strasbourg : bombardement d'Algèr : soumission de Génes : ambassade de Siam : Pape humilié : Electorat de Cologne disputé.

CHA-

LE SIECLE DE LOUIS XIV.

CHAPITRE PREMIER.
INTRODUCTION.

Ce n'est pas seulement la VIE DE LOUIS XIV. qu'on prétend écrire; on se propose un plus grand objet. On veut essaïer de peindre à la postérité, non les actions d'un seul homme; mais l'esprit des hommes dans le siécle le plus éclairé qui fut jamais.

Tous les tems ont produit des héros &

Tome I.   A   des

des politiques; tous les peuples ont éprouvé des révolutions; toutes les histoires sont presque égales pour qui ne veut mettre que des faits dans sa mémoire: mais quiconque pense, & ce qui est encore plus rare, quiconque a du goût, ne compte que quatre siécles dans l'histoire du monde. *a* Ces quatre âges heureux, sont ceux où les arts ont été perfectionnés, & qui servant d'époque à la grandeur de l'esprit humain, sont l'exemple de la postérité.

Le premier de ces siécles à qui la véritable gloire est attachée, est celui de Philippe & d'Alexandre, ou celui des Périclès, des Démosthènes, des Aristotes, des Platons, des Apelles, des Phidias, des Praxitéles; & cet honneur a été renfermé dans les limites de la Grèce; le reste de la terre étoit barbare.

Le second âge est celui de César & d'Auguste, désigné encore par les noms de Lucrèce, de Cicéron, de Tite-Live, de Virgile, d'Horace, d'Ovide, de Varron, *b*) de Vitruve.

---

a) J'aime bien à voir cet esprit exterminateur quoique peut-être le premier membre de cette phrase soit trop vague & le second trop décisif. Effacez cette petite parentese, & *ce qui est encore plus rare*; on n'écrit pas ainsi quand on écrit bien.

b) *Le siécle de Varron.* C'est ce qui ne s'est jamais dit: un érudit, un compilateur ne donne pas son nom à un siécle.

INTRODUCTION. 3

Le troisiéme, est celui qui suivit la prise de Constantinople par Mahomet II. Alors on [vit] en Italie une famille de simples citoiens [fai]re ce que devoient entreprendre les Rois [de] l'Europe ; les Médicis appellérent à Flo[re]nce les arts, que les Turcs chassoient de [la] Grèce, c'étoit le tems de la gloire de l'I[tal]ie. Toutes les sciences reprenoient une [vie] nouvelle ; les Italiens les honorérent du [no]m de *vertu*, comme les premiers Grècs [les] avoient caractérisés c) du nom de *sagesse*. [To]ut tendoit à la perfection: les Michel-An[ge]s, les Raphaëls, les Titiens, les Tasses, les [Ari]ostes fleurirent. La gravûre fut inven[tée]; la belle architecture reparut plus ad[mi]rable encore que dans Rome triomphan[te] & la barbarie gothique, qui défiguroit [l'Eu]rope en tout genre, fut chassée de l'Ita[lie] pour faire en tout place au bon goût. d) Les Arts, toujours transplantés de [Grè]ce e) en Italie, se trouvoient dans un ter[rain] favorable, où ils fructifioient tout-à-

A 2 coup.

Les premiers Grècs &c. il me semble que ca-ractérisé n'est pas le terme propre.

Pour faire en tout place au bon gout. Corrigez ces négligences ; elles ne sont pas d'un stile correct.

Transplantés de Grèce en Italie. Transplantés de Grèce n'est pas François: dites, *de la Grèce*.

coup. La France, l'Angleterre, l'Allemagne, l'Espagne, voulurent à leur tour avoir de ces fruits; mais, ou ils ne vinrent point dans ces climats, ou bien ils dégénérerent trop vîte.

FRANÇOIS premier encouragea des Savans; mais qui ne furent que savans? il eut des Architectes: mais il n'eut ni des Michel-Anges, ni des Palladio: il voulut en vain établir des écoles de peinture; les peintres Italiens qu'il appella, ne firent point d'éléves françois. Quelques épigrammes & quelques contes libres composoient toute notre poësie: Rabelais étoit notre seul livre de prose à la mode, du tems de Henri II. *f)*

EN un mot, les Italiens seuls avoient tout, si vous en exceptez la Musique, qui n'étoit encore qu'informe; & la Philosophie expérimentale, qui étoit inconnuë par tout également. *g)*

ENFIN le quatriéme siécle est celui qu'on nomme le siécle de Louis XIV: & c'est peut-être celui des quatre qui approche le plus de la perfection. Enrichi des décou-

f) Rabelais &c. Comptez vous pour rien Amiot, Joinville, Comines, du Bellay, que nos peres estimoient tant?

g) La philosophie étoit inconnuë par tout également. J'aimerois mieux: *étoit également inconnuë par tout.*

INTRODUCTION.

découvertes des trois autres, il a plus fait en certains genres que les trois enfemble. Tous les arts à la vérité n'ont point été pouſſés plus loin que ſous les Médicis, ſous les Auguſtes & les Aléxandres; mais la Raiſon humaine en général s'eſt perfectionnée. La ſaine philoſophie n'a été connuë que dans ce tems: & il eſt vrai de dire, qu'à commencer depuis les derniéres années du Cardinal de Richelieu, juſqu'à celles qui ont ſuivi la mort de Louis XIV, il s'eſt fait dans nos arts, dans nos eſprits, dans nos mœurs, comme dans notre gouvernement, une révolution générale qui doit ſervir de marque *b*) éternelle à la véritable gloire de notre patrie. Cette heureuſe influence ne s'eſt pas même arrêtée en France; elle s'eſt étenduë en Angleterre; elle a excité l'émulation dont avoit alors beſoin cette nation ſpirituelle & profonde; elle a porté le goût en Allemagne, les ſciences en Moſcovie; elle a même raminé l'Italie qui languiſſoit, & l'Europe a dû ſa politeſſe à la cour de Louis XIV.

AVANT ce tems, les Italiens appelloient tous les ultramontains du nom de barbares; *i*) il faut avouer que les François méritoient

---

b) *Qui doit ſervir de marque*, dites *d'époque*.
i) Sans doute à peu près comme nous appellons
barba-

toient en quelque forte cette injure. Nos pères joignoient la galanterie romanefque des Maures à la groffiéreté gothique; ils n'avoient prefque aucun des arts aimables; ce qui prouve que les arts utiles étoient négligés: car lorfqu'on a perfectionné ce qui eft néceffaire, on trouve bientôt le beau & l'agréable; & il n'eft pas étonnant que la peinture, la fculpture, la poëfie, l'éloquence, la philofophie, fuffent prefque inconnuës à une nation, qui aiant des ports fur l'océan & fur la méditerranée, n'avoit pourtant point de flote, & qui aimant le luxe à l'excès, avoit à peine quelques manufactures groffiéres.

Les Juifs, les Génois, les Vénitiens, les Portugais, les Flamans, les Hollandois, les Anglois, firent tour à-tour notre commerce, dont nous ignorions les principes. Louis XIII. à fon avénement à la couronne n'avoit pas un vaiffeau; *k*) Paris ne contenoit pas quatre-cent-mille hommes, & n'étoit pas décoré

---

barbares les Américains. Vous donnez le préjugé d'un peuple comme la preuve de l'ignorance & de la barbarie de l'autre. Il falloit fortir de l'hiperbole, & dire que les Italiens nous méprifoient alors autant que nous les méprifons aujourdui, & avec tout auffi peu de raifon.

k) Où avez vous pris cette anecdote?

INTRODUCTION.

[...]é de quatre beaux édifices; les autres villes du royaume reſſembloient à ces bourgs qu'on voit au-delà de la Loire. Toute la nobleſſe cantonnée à la campagne dans des donjons entourés de foſſés, opprimoit ceux qui cultivent la terre. Les grands chemins étoient preſque impraćticables; les villes étoient ſans police, l'Etat ſans argent, & le gouvernement preſque toujours ſans crédit parmi les nations étrangéres.

On ne doit pas ſe diſſimuler, que depuis la décadence de la famille de Charlemagne, la France avoit langui plus ou moins dans cette foibleſſe, parce qu'elle n'avoit preſque jamais joui d'un bon gouvernement.

Il faut, pour qu'un Etat ſoit puiſſant, ou que le peuple ait une liberté fondée ſur les loix, ou que l'autorité ſouveraine ſoit affermie ſans contradićtion. *l*)

---

l) Le premier moien eſt excellent, le ſecond très mauvais. L'autorité ſouveraine ſans contradićtion eſt deſpotiſme, & le deſpotiſme ne fit jamais un état puiſſant. Il y parut bien ſur la fin du regne de Louis XIV où la France fut plus ſoumiſe & plus foible que jamais. Un auteur qui a une imagination vive doit s'abſtenir des maximes politiques, parce que les maximes doivent être pleines de juſteſſe & d'un vrai qui frappe, & qu'il eſt à craindre que l'imagination n'y porte ſes préjugez, & des préjugés ſinguliers.

Louis XIV.

En France les peuples furent esclaves jusque vers le tems de Philippe-Auguste; les Seigneurs furent tyrans jusqu'à Louis XI; & les Rois, toûjours occupés à soûtenir leur autorité contre leurs vasseaux, n'eurent jamais ni le tems de songer au bonheur de leurs sujets, ni le pouvoir de les rendre heureux.

Louis XI. fit beaucoup pour la puissance roiale, mais rien pour la félicité & la gloire de la nation.

François I. fit naître le commerce, la navigation, les lettres & tous les arts: mais il fut trop malheureux pour leur faire prendre racine en France, & tous périrent avec lui.

Henri le Grand vouloit retirer la France des calamités & de la barbarie où trente ans de discorde l'avoient replongée, quand il fut assassiné dans sa capitale, au milieu du peuple dont il alloit faire le bonheur.

Le Cardinal de Richelieu, occupé d'abbaisser la maison d'Autriche, le Calvinisme & les Grands, ne jouit point d'une puissance assez paisible pour réformer la nation; mais au moins il commença cet heureux ouvrage.

Ainsi pendant neuf-cens années, *m*)
notre

---

m) J'aimerois mieux; *pendant neuf cens ans.*

INTRODUCTION.

[n]otre génie a été presque *n*) toujours rétréci *o*) [s]ous un gouvernement gothique *o*), au milieu [des] divisions & des guerres civiles, n'aiant ni [loi]x ni coûtumes fixes, *p*) changement de [de]ux siécles en deux siécles un langage toû[jou]rs grossier; les nobles sans discipline, ne [co]nnoissant que la guerre & l'oisiveté; les [ec]clésiastiques vivant dans le désordre & dans [l'i]gnorance; & les peuples sans industrie, [cr]oupissant dans leur misére.

VOILA pourquoi les François n'eurent [pa]rt, ni aux grandes découvertes, ni aux [in]ventions admirables des autres nations: *q*) [l']imprimerie, la poudre, les glaces, les té[les]copes, le compas de proportion, la ma-
chine

---

n) *Presque toujours* me paroit inutile.

o) On n'entend point ce mot, *gouvernement gothique*; Ce n'est pas sans doute ce gouvernement établi par les Goths, ce gouvernement si bien fait pour l'Europe, si propre à étendre le génie. Qu'est ce donc ?

p) Notre langue n'est point grossiere dans Montaigne, pas même dans Comines.

q) Les nations inventrices n'étoient ni plus heureuses, ni plus éclairées que la France. Ce n'est point la bonne constitution de ces peuples qui a fait ces découvertes ou qui les a préparées : c'est le hazard. Toutes les fois que l'auteur veut rendre raison d'un phénomene, il manque la véritable; il est aussi fort sujet à faire phénomene ce qui n'en est pas un.

chine pneumatique, le vrai syftême de l'univers, ne leur appartiennent point; ils faifoient des tournois, pendant que les Portugais & les Efpagnols découvroient & conqueroient de nouveaux mondes à l'orient & à l'occident du monde connu. Charles-Quint prodiguoit déja en Europe les tréfors du Méxique, avant que quelques fujets de François premier euffent découvert la contrée inculte du Canada; mais par le peu même que firent les François dans le commencement du feiziéme fiecle, on vit de quoi ils font capables quand ils font conduits.

ON fe propofe de montrer ici ce qu'ils ont été fous Louis XIV; & l'on fouhaite que la poftérité de ce monarque, & celle de fes peuples, également animées d'une heureufe émulation, s'efforcent de furpaffer leurs ancêtres.

IL ne faut pas qu'on s'attende à trouver ici les détails prefque infinis des guerres entreprifes dans ce fiécle; on eft obligé de laiffer aux annaliftes *r*) le foin de ramaffer avec exactitude tous ces petits faits, qui ne ferviroient qu'à détourner la vuë de l'objet principal. C'eft à ceux à marquer les marches,

r) L'auteur prend là un engagement qu'il remplit mal. Il empiéte à tout moment fur le droit des annaliftes. Nous verrons.

INTRODUCTION. 11

[...]es, les contremarches des armées, & les
[jou]rs où les tranchées furent ouvertes devant
[les] villes, prises & reprises par les armes,
[don]nées & renduës par des traités: mille cir-
[con]stances, intéressantes pour les contem-
[po]rains, se perdent aux yeux de la postéri-
[té] & disparoissent pour ne laisser voir que
[les] grands événemens, qui ont fixé la desti-
[né]e des empires; tout ce qui s'est fait ne
[me]rite pas d'être écrit. On ne s'attachera
[dan]s cette histoire qu'à ce qui merite l'atten-
[tio]n de tous les tems, à ce qui peut pein-
[dre] le génie & les mœurs des hommes, à ce
[qui] peut servir d'instruction, & conseiller l'a-
[mo]ur de la vertu, des arts & de la patrie.

[O]N essaiera de faire voir ce qu'étoient &
[la] France & les autres Etats de l'Europe avant
[la] naissance de Louis XIV; ensuite on dé-
[cri]ra les grands événemens politiques & mi-
[lit]aires de son regne. Le gouvernement in-
[té]rieur du roiaume, objet plus important
[po]ur les peuples, sera traité à part. La
[vi]e privée de Louis XIV, les particularités
[de] sa cour & de son regne, tiendront une
[gr]ande place. s) D'autres articles seront pour
[le]s arts, pour les sciences, pour les progrès

de

___
s) Toutes ces bagatelles en passant par la plume de l'auteur aquerront sans doute le secret de ne pas détourner la vue du lecteur de l'objet principal.

de l'esprit humain dans ce siécle. Enfin on parlera de l'église, qui depuis si long-tems est liée au gouvernement, qui tantôt l'inquiette & tantôt le fortifie, *t*) & qui instituée pour enseigner la morale, se livre souvent à la politique & aux passions humaines.

DES ETATS DE L'EUROPE AVANT LOUIS XIV.

IL y avoit déja long-tems qu'on pouvoit regarder l'Europe chrétienne (à la Moscovie près) comme une grande République partagée en plusieurs Etats, les uns monarchiques, les autres mixtes; ceux-ci aristocratiques, ceux-là populaires, mais tous correspondans les uns avec les autres; tous aiant un même fond de religion, quoique divisés en plusieurs sectes; tous aiant les mêmes principes de droit public & de politique

---

t) Mettez, *l'affoiblit*. J'ai remarqué qu'un sûr moien d'avoir une pensée vraie, c'est de prendre justement l'opposé de celle de l'auteur.

ETAT DE L'EUROPE. 13

...que, inconnus dans les autres parties du monde. C'est par ces principes que les nations Européanes *a*) ne font point esclaves ...rs prisonniers; qu'elles respectent les Am...sadeurs de leurs ennemis; qu'elles con...nnent ensemble de la prééminence & de ...elques droits de certains Princes, comme ... l'Empereur, des Rois, & des autres moin... Potentats; & qu'elles s'accordent sur...t dans la sage politique de tenir entr'elles, ...ant qu'elles peuvent, une balance égale de ...uvoir; emploiant sans cesse les négocia...ns, même au milieu de la guerre, & en...tenant les uns chez les autres des Ambaf...deurs, *b*) ou des Espions moins honora...es, *c*) qui peuvent avertir toutes les cours ...s desseins d'une seule, donner à la fois l'a...me à l'Europe, & garantir les plus foibles ...s invasions que le plus fort est toûjours prêt ...entreprendre.

DEPUIS Charles-Quint la balance pen...oit trop du côté de la maison d'Autriche. ...ette maison puissante étoit, vers l'an 1630,
maîtresse

a) On dit, *les Nations Européennes*. L'abbé de St. Pierre dit, *Europaines*, & les etrangers, *Européanes*.

b) Voilà ce qui s'appelle parler comme le peuple.

c) *Honorables* n'est pas le terme: on se gâte à Potzdam.

maîtresse de l'Espagne, du Portugal, & des tréfors de l'Amérique; les Païs-Bas, le Milanois, le roiaume de Naple, la Boheme, la Hongrie, l'Allemagne même (si on peut le dire *d*) étoient devenus son patrimoine; & si tant d'Etats avoient été réunis fous un seul chef de cette maison, il est à croire que l'Europe lui auroit enfin été asservie.

DE L'ALLEMAGNE.

L'EMPIRE d'Allemagne est le plus puissant voisin qu'ait la France: il est à peu-près *e*) de la même étendue; *f*) moins riche peut-être en argent, mais plus fécond en hommes robustes & patiens dans le travail. La nation allemande est gouvernée, *g*) peu s'en faut, comme l'étoit la France fous les premiers Rois Capétiens, qui étoient des chefs fouvent mal-obéis, de plusieurs grands vassaux, & d'un grand nombre de petits. Aujourd'hui soixante Villes libres, & qu'on nomme Impériales,

d) Non, on ne peut pas le dire.
e) Voiez la carte; il n'y paroit pas.
f) C'est encore l'opposé qu'il faut prendre.
g) On voit que l'auteur a voulu parler de la constitution, & cependant il ne parle que de gouvernement: encore en parle-t-il très mal en comparant des choses si différentes. Je l'avois bien dit, que son esprit se refusoit à tout ce qui étoit politique.

ÉTAT DE L'EUROPE. 15

[...]iales, environ *h*) autant de Souverains sé[culi]ers, près de quarante Princes Ecclésiasti[que]s, soit Abbés, soit Evêques, neuf Ele[cteu]rs, parmi lesquels on peut compter trois [Roi]s *i*), enfin l'Empereur, chef de tous ces [Pot]entats, composent ce grand corps germa[niq]ue, que le flegme allemand fait subsister [ave]c presque autant d'ordre, qu'il y avoit [aut]re-fois de confusion dans le gouverne[me]nt François.

CHAQUE membre de l'Empire a ses [dro]its, ses priviléges, ses obligations: & la [con]noissance difficile de tant de loix, souvent [con]testées, fait ce que l'on appelle en Alle[ma]gne, *l'étude du droit public*, pour laquel[le l]a nation germanique est si renommée.

L'EMPEREUR lui-même ne seroit [gue]res *k*) à la vérité plus puissant ni plus ri[che] qu'un Doge de Venise. *l*) L'Allemagne,

par-

h) Rien de plus aisé que de savoir cela au juste. Doublez cette somme, & vous aurez à peu près le nombre des souverains séculiers de l'empire.

i) Il y en a bien quatre, ne lui en déplaise. Le Roi de Boheme, celui qui seul appartient à l'empire, est sûrement celui qu'il a oublié.

k) Il faut, vu la suite, *n'est gueres*.

l) Le Duc de Mecklenbourg, les Electeurs de Baviere & de Cologne, l'Electeur Palatin, savent si l'Empereur n'est gueres plus puissant qu'un Doge de Venise. N'est-il pas le maitre

partagée en Villes libres & en Principautés, ne laisse au chef de tant d'Etat, que la prééminence avec d'extrême honneur, sans domaines, sans argent, & par conséquent sans pouvoir. Il ne possède pas à titre d'Empereur un seul village; la ville de Bamberg lui est assignée seulement pour sa résidence, quand il n'en a pa d'autre. *m*) Cependant cette dignité aussi vaine que suprème, étoit devenuë si puissante entre les main des Aûtrichiens, qu'on a craint souvent qu'ils ne convertissent en Monarchie absoluë cette République de Princes.

Deux partis divisoient alors & partagent encore aujourp'hui l'Europe chrétienne, & sur-tout l'Allemagne. Le premier est celui des Catholique plus ou moins soumi au Pape; le second est celui des ennemis de la domination spirituelle & temporelle du Pape & des Prélats Catholique. Nou appellons ceux de ce parti du nom général de Protestans, quoiqu'ils soient divisés en Luthériens, Calviniste & autres, qui se haïssent entr'eux, presque autant qu'ils haïssent Rome.

En Allemagne, la Saxe, le Brandenbourg, le

du conseil aulique? n'en fait-il pas exécuter les sentences?

m) Un Allemand m'a dit que c'étoit une rêverie de quelque vieux Jurisconsulte Bambergeois. L'Empereur a pour résidence toutes les villes Impériales.

le Palatinat, une partie de la Bohème, de la Hongrie, les Etats de la maison de Brunswic, le Wirtemberg, suivent la religion luthérienne, qu'on nomme évangélique. Toutes les villes libres impériales ont embrassé cette secte, *n*) qui a semblé plus convenable que la religion Catholique à des peuples jaloux de leur liberté.

Les Calvinistes, répandus parmi les Luthériens qui sont les plus forts, ne font qu'un parti médiocre *o*): les Catholiques composent le reste de l'Empire, & aiant à leur tête la maison d'Autriche, ils étoient sans doute les plus puissans.

Non seulement l'Allemagne, mais tous les Etats chrétiens, saignoient encore des plaïes, qu'ils avoient reçuës de tant de guerres de religion, fureur particulière aux chrétiens ignorée des idolâtres, & suite malheureuse de l'esprit dogmatique introduit depuis si long-tems dans toutes les conditions.

Tome I.   B

n) Toutes les villes Impériales ne sont pas Luthériennes, mais seulement la plus grande partie.

o) Les Calvinistes font en Allemagne un parti très puissant & très redoutable. Ni eussent-ils d'autre avantage que d'avoir à leur tête le Roi de Prusse, cela seul suffiroit pour les tirer de cette médiocrité où l'auteur les jette sans trop savoir pourquoi.

tions. Il y a peu de points de controverse qui n'aient causé une guerre civile *p*), & les nations étrangères (peut-être notre posterité) ne pourront un jour comprendre que nos pères se soient égorgés mutuellement pendant tant d'années en prêchant la patience.

EN 1619 l'Empereur Mathias étant mort sans enfans, le parti protestant se remua pour ôter l'empire à la maison d'Autriche & à la communion romaine; mais Ferdinand Archiduc de Grats, cousin de Mathias, n'en fut pas moins élu Empereur. Il étoit déja Roi de Bohème & de Hongrie, par la démission de Mathias, & par le choix forcé que firent de lui ces deux Roiaumes.

CE Ferdinand II. continua d'abattre le parti protestant: il se vit quelque-tems le plus puissant & le plus heureux monarque de la chrétienté, moins par lui-même que par le succès de ses deux grands Généraux, Wallenstein & Tilly, à l'exemple de beaucoup de Princes de la maison d'Autriche, conquérans sans être guerriers, & heureux par le mérite de ceux qu'ils savoient choisir *q*). Cette

---

p) Ce n'est qu'un mot, & dans l'histoire il faut du vrai: *le vrai seul est aimable.*

q) L'auteur ne craint-il point qu'on dise: " Voltaire est bien hardi.

ÉTAT DE L'EUROPE.

[pui]ssance menaçoit déja du joug *r*), &
[les] Protestans & les Catholiques: l'alarme
[en] fut même portée jusqu'à Rome, sur laquel-
[le] le titre d'Empereur & de Roi des Romains
[don]ne des droits chimériques, que la moin-
[dr]e occasion peut rendre trop réels. Rome,
[qu]i de son côté prétendoit autrefois un droit
[plu]s chimérique sur l'Empire, s'unit alors
[av]ec la France contre la maison d'Aûtriche.
[L']argent des François, les intrigues de Rome
[&] les cris de tous les Protestants, appellé-
[re]nt enfin du fond de la Suéde Gustave-Adol-
[ph]e, le seul Roi de ce tems-là qui pût pré-
[te]ndre au nom de héros, & le seul qui pût
[re]nverser la puissance Aûtrichienne.

L'ARRIVÉE de Gustave en Allemagne
[ch]angea la face de l'Europe. Il gagna en
[1]631. contre le Général Tilly la Bataille
[de] Leipsic, si célèbre par les nouvelles ma-
[n]œuvres de guerre que ce Roi mit en usa-
[g]e, & qui passe encore pour le chef-d'œu-
[v]re de l'art militaire.

L'EMPEREUR Ferdinand se vit en 1632.
[p]rêt à perdre la Bohème, la Hongrie & l'Em-
[p]ire: son bonheur le sauva; Gustave-Adol-
[p]he fut tué à la Bataille de Lützen, au mi-
[li]eu de sa victoire; & la mort d'un seul

hom-

---

r) *Menaçoit déja du joug.* Cela fait un mauvais son. En général, le stile de ce livre n'est pas assez soigné.

homme rétablit ce que lui seul pouvoit détruire. *s*)

La politique de la maison d'Autriche, qui avoit succombé sous les armes d'Adolphe se trouve forte contre tout le reste; elle détacha les Princes les plus puissans de de l'Empire de l'alliance des Suédois. Ces troupes victorieuses, abandonnées de leurs alliés & privées de leur Roi, furent battuës à Norlingue; & quoique plus heureuses ensuite, elles furent toûjours moins à craindre que sous Gustave.

Ferdinand II, mort dans ces conjonctures, laissa tous ses Etats à son fils Ferdinand III, qui hérita de sa politique, & fit comme lui la guerre de son cabinet: il regna pendant la minorité de Louis XIV.

L'Allemagne n'étoit point alors aussi florissante qu'elle l'est devenuë depuis; le luxe y étoit inconnu, & les commodités
de

---

s) On croiroit que la Suede & ses alliez n'eurent depuis que des revers, & des revers rapides: cependant il est bien sûr que la rapidité des succès de l'Empereur n'est que dans l'imagination de Voltaire. La mort de Gustave rétablît si peu la puissance d'Aûtriche, que cette maison ne s'est pas encore aujourdui relevée des coups que lui porta ce Prince, le vengeur de la liberté de l'Empire. Mr. de Voltaire devroit bien résister quelque fois au plaisir, à l'appas de l'antithese.

ÉTAT DE L'EUROPE.

...la vie étoient encore très-rares chez les [plu]s grands Seigneurs. Elles n'y ont été [por]tées que vers l'an 1686, par les Refu[giés] François, qui allèrent y établir leurs [ma]nufactures. Ce païs fertile & peuplé [ma]nquoit de commerce & d'argent; la gra[vi]té des mœurs & la lenteur particulière *t*) [au]x Allemans, les privoient de ces plaisirs [&] de ces arts agréables, que la sagacité Ita[lien]ne cultivoit depuis tant d'années, & que [l'in]dustrie Françoise commençoit dès lors à [pe]rfectionner. Les Allemans, riches [ch]ez eux, étoient pauvres ailleurs; & cette [pa]uvreté, jointe à la difficulté de réunir en [peu] de tems sous les mêmes étendarts tant [de] peuples différens, les mettoit à-peu-près [co]mme aujourd'hui dans l'impossibilité de [po]rter & de soûtenir longtems la guerre chez [leu]rs voisins. Aussi c'est presque toûjours [da]ns l'Empire que les François ont fait la [gu]erre contre l'Empire. La différence du [go]uvernement & du génie rend les François [pl]us propres pour l'attaque, & les Allemans [po]ur la défense. *u*)

t) Cette lenteur, ils l'ont de commune avec tous les peuples du Nord.

u) L'auteur auroit pu dire un mot sur la Constitution de l'empire. C'auroit été rendre un grand service au public qui ne la connoit guère

DE L'ESPAGNE.

L'ESPAGNE, gouvernée par la branche aînée de la maison d'Autriche, avoit imprimé après la mort de Charles-Quint, plus de terreur que la nation germanique. Les Rois d'Espagne étoient incomparablement plus absolus & plus riches. Les mines du Méxique & du Potosi sembloient leur fournir de quoi acheter la liberté de l'Europe x). Ce projet de la Monarchie Universelle de notre continent chrétien, commencé par Charles-Quint, fut d'abord soûtenu par Philippe II. Il voulut, du fond de l'Escurial, asservir la chrétienté par les négociations & par la guerre. Il envahit le Portugal ; il
désola

guere, aux Allemands qui ne l'ont pas encore définie, aux François qui dedaignent de l'être. Mr. de Voltaire est à la source des lumieres. Par là, il auroit evité les lieux communs dont il a grossi ce morçeau, & il auroit répandu du jour sur bien des événemens du siécle politique & militaire de Louis XIV sans doute que tout cet article a été fait avant qu'il fut en état de le bien faire.

x) Il faudroit ; *sembloient devoir leur fournir*: car il n'y a jamais eu un moment où l'Europe ait eu à craindre pour sa liberté depuis la decouverte du nouveau monde : le mal que cette decouverte fit d'abord à l'Espagne fut d'abord senti, & le bien que les nations industrieuses en tireroient fut d'abord prévu.

[...]la la France; il menaça l'Angleterre: [mais] plus propre peut-être à marchander [l]oin les esclaves, qu'à combattre de près [ses] ennemis, il n'ajoûta aucune conquête à [la f]acile invasion du Portugal: il sacrifia de [son] aveu quinze-cent millions, qui font au[jour]d'hui plus de trois-mille-milions de nô[tre] monoie, pour asservir la France, & pour [g]agner la Hollande. Mais ses trésors ne [ser]virent qu'à enrichir ces païs qu'il voulut [dom]pter.

PHILIPPE III. son fils, moins guerrier [enc]ore & moins sage, eut peu de vertus de [Ro]i. La superstition, ce vice des ames foi[ble]s *y*), ternit son regne & affoiblit la Mo[nar]chie Espagnole. Son roiaume commen[çoi]t à s'épuiser d'habitans, par les nombreu[ses] colonies que l'avarice transplantoit dans [le] nouveau monde *z*); & ce fut dans ces [cir]constances que ce Roi chassa de ses Etats

B 4　　　　près-

y) *La superstition, ce vice des ames foibles*; j'aimerois mieux, *ce défaut*. La superstition est fille du zele de religion: & ce zele est l'enfant de l'amour de la vérité.

z) *Les Colonies que l'avarice transplantoit dans le nouveau monde*: j'aimerois mieux; *qu'une mauvaise politique*. L'avare veut jouir de ses trésors: les Espagnols vouloient répandre les leurs dans toute l'Europe pour se les conserver & pour l'asservir.

près de huit-cens-milles Maures, *a*) lui, qui auroit dû au contraire en faire venir davantage, *b*) s'il est vrai que le nombre des sujets soit le trésor des Monarques. L'Espagne fut presque déserte depuis ce tems: la fierté oisive des habitans laissa passer en d'autres mains les richesses du nouveau monde; l'or du Pérou devint le partage de tous les marchands de l'Europe: en vain une loi sévére & presque toujours exécutée, ferme les ports de l'Amérique Espagnole aux autres nations; les négocians de France, d'Angleterre d'Italie,

char-

---

a) 800000 *Maures*. Tous les historiens disent 900000 familles, ce qui fait du moins le triple, & ce qui est très probable, vû la dépopulation de l'Espagne, réduite aujourdui à six millions d'habitans.

b) C'étoit une grande faute de chasser les Maures; c'en auroit été une aussi grande d'en augmenter le nombre. L'Espagne avoit été soumise à ce peuple; & il étoit à craindre que s'il devenoit plus nombreux, il ne se rappellât en quelque occasion critique, qu'il avoit été maître, & que cherchant à le devenir, il ne renouvellât ces anciennes catastrophes, qui sont si simples aux yeux des sages, & si terribles aux yeux des Chrétiens. L'Espagne n'auroit donc pas dû faire venir un plus grand nombre de Maures; mais elle auroit dû profiter de leur industrie, tarir les sources de la dépopulation en facilitant les mariages, & veiller sur des sujets trop puissans & trop haïs pour n'être pas tentés d'être rebelles.

[...]argent de leurs marchandises les gallions [...]rapportent le principal avantage, & c'est [...]r eux que le Pérou & le Mexique ont été [...]nquis.

LA grandeur Espagnole ne fut donc plus [...]s Philippe III, qu'un vaste corps sans [...]stance, qui avoit plus de réputation que [...] force.

PHILIPPE IV, héritier de la foiblesse de [...] père, perdit le Portugal par sa négli[...]ce, le Roussillon par la foiblesse de [...] armes, & la Catalogne par l'abus du [...]potisme. C'est ce même Roi, à qui le [...]omte-Duc d'Olivarès, son Favori & son [...]nistre, fit prendre le nom de Grand à son [...]énément à la couronne, peut-être pour [...]xciter à mériter ce titre, dont il fut si [...] digne, que tout Roi qu'il étoit, personne [...]sa le lui donner. De tels Rois ne pou[...]ient être longtems heureux dans leurs [...]erres contre la France. Si nos divisions [...] nos fautes leur donnoient quelques avan[...]ges, ils en perdoient le fruit par leur in[...]pacité. De plus, ils commandoient à des [...]uples que leurs priviléges mettoient en [...]oit de mal-servir; les Castillans avoient [...] prérogative de ne point combattre hors [...]e leur patrie; les Arragonois disputoient [...]ns cesse leur liberté contre le Conseil Roial;

B 5 &

& les Catalans, qui regardoient leurs Rois comme leurs ennemis, ne leur permettoient pas même de lever des milices dans leurs provinces. Ainsi ce beau roiaume étoit alors peu puissant au dehors & misérable au dedans; nulle industrie ne secondoit, dans ces climats heureux, les présens de la nature; ni les soies de la Valence, *c*) ni les belles laines de l'Andalousie & de la Castille, n'étoient préparées par les mains espagnoles: *d*) les toiles fines étoient un luxe très peu connu: les manufactures flamandes, reste des monumens de la maison de Bourgogne, fournissoient à Madrid ce que l'on connoissoit alors de magnificence: les étoffes d'or & d'argent étoient défendues dans cette Monarchie, comme elles le seroient dans une République indigente qui craindroit de s'appauvrir. En effet, malgré les mines du nouveau monde, l'Espagne étoit si pauvre, que le ministére de Philippe IX. se trouva réduit à la nécessité de faire de la monoie de cuivre, à laquelle on donna un prix presqu'aussi fort qu'à l'argent; il fallut que le maître du Mexique & du Pérou fit de la fausse monoie pour païer les charges de l'Etat. On n'osoit, si on en croit le sage

Gour-

---

c) On dit, *les soies de Valence.*
d) On ne dit point *les mains Espagnoles.* On ne le dit ni en prose, ni en vers.

ÉTAT DE L'EUROPE.

...urville, imposer des taxes personnelles, p...ce que ni les bourgeois, ni les gens de [c]ampagne, n'aïant presque point de meu[ble]s, n'auroient jamais pû être contrainte à [pay]er. Tel étoit l'état de l'Espagne, & ce[pen]dant réunie avec l'Empire, elle mettoit un [poi]d redoutable dans la balance de l'Europe.

DU PORTUGAL.

LE Portugal redevenoit alors un Roiau[me.] Jean, Duc de Bragance, Prince qui [pass]oit pour foible, avoit arraché e) cette pro[vin]ce à un Roi plus foible que lui; les Por[tug]ais cultivoient par nécessité le commerce [que] l'Espagne négligeoit par fierté; ils ve[noi]ent de se liguer avec la France & la Hol[lan]de en 1641. contre l'Espagne. Cette révo[lut]ion du Portugal valut à la France plus [que] n'eussent fait les plus signalées victoires. [Le] ministére François, qui n'avoit contribué [en] rien à cet événement, en retira sans pei[ne] le plus grand avantage qu'on puisse avoir

contre

[e]) Ce mot *arraché* donne une idée de violence & de guerre : voiez les revolutions de Portugal par Vertot. L'intrigue, le secret, le bonheur mirent Bragance sur le Trône : Mr. de Voltaire y apprendroit aussi à écrire l'histoire, ou du moins à lier les faits, à préparer les événemens, à faire des tableaux qui intéressent, ou des portraits qui ressemblent.

contre son ennemi, celui de le voir attaqué par une Puissance irréconciliable.

Le Portugal secouant le joug de l'Espagne, étendant son commerce & augmentant sa puissance, rappelle ici l'idée de la Hollande, qui jouissoit des mêmes avantages d'une manière bien différente. *f*)

DE LA HOLLANDE.

Ce petit Etat de sept provinces unies, païs stérile, mal-sain, & presque submergé par la mer, étoit depuis environ un demi-siécle, un exemple presque unique *g*) sur la terre, de ce que peuvent l'amour de la liberté & le travail infatigable. Ces peuples pauvres *h*) peu nombreux, *i*) bien moins aguerris que les moindres milices espagnoles, qui n'étoient comptés encore pour rien dans l'Europe, résistérent à toutes les forces de leur maître & de leur tyran Philippe II ; éludérent

---

f) Avant que d'aller plus loin, je voudrois bien savoir, pourquoi Mr. de Voltaire n'a rien dit de l'inquisition d'Espagne & de Portugal : il lui étoit si aisé, il lui auroit été si glorieux de dire du neuf sur ce sujet.

g) *Presque unique.* Et l'Angleterre ?

h) Les Hollandois étoient aussi riches qu'on l'étoit ailleurs.

i) *Peu nombreux.* Les Hollandois étoient aussi nombreux qu'il étoit possible de l'être.

ÉTAT DE L'EUROPE.

...ent les desseins de plusieurs Princes, qui ...uloient le secourir pour les asservir, & fon...ent une Puissance, que nous avons vû ba...cer le pouvoir de l'Espagne même. Le ...espoir qu'inspire la tyrannie les avoit d'a...rd armés : la liberté avoit élevé leur cou...ge, & les Princes de la maison d'Orange ... avoient fait d'excellents soldats. A peine ...nqueurs de leurs maîtres, ils établirent ... forme de gouvernement, qui conserve, ...ant qu'il est possible, l'égalité, le droit le ... naturel des hommes.

La douceur de ce gouvernement & la to...ance de toutes les maniéres d'adorer Dieu, ...gereuse peut-être ailleurs *l*), mais là ...essaire, peuplérent la Hollande d'une fou... d'étrangers, & sur tout de Wallons, que ...quisition persécuroit dans leur patrie, & ... d'esclaves devinrent citoïens.

La Religion Calviniste, dominant dans la ...llande, servit encore à sa puissance. Ce ...s, alors si pauvre, n'auroit pu ni suffire ... magnificence des Prélats, ni nourrir des ...dres religieux; & cette terre où il falloit ... hommes, ne pouvoit admettre ceux qui ...gagent par serment à laisser périr, autant ... est en eux, l'espéce humaine. On avoit ...emple de l'Angleterre, qui étoit d'un tiers.
plus

---

l) La tolerance, dangereuse peut-être ailleurs ; reste de catolicisme, diroit Bayle.

plus peuplée, depuis que les Ministres des Autels jouissoient de la douceur du mariage, & que les espérances des familles n'étoient point ensevellies dans le célibat du cloître.

TANDIS que les Hollandois établissoient les armes à la main, ce Gouvernement nouveau, ils le soûtoient par le négoce. Ils allérent attaquer au fond de l'Asie ces mêmes maitres, qui jouissoient alors des découvertes des Portugais; ils leur enlevérent les Iles où croissent ces épiceries précieuses, trésors aussi réels que ceux du Pérou, & dont la culture est aussi salutaire à la santé, que le travail des mines est mortel aux hommes.

LA Compagnie des Indes Orientales, établie en 1602, gagnoit déja près de trois cent pour cent en 1620 *k*). Ce gain augmentoit chaque année. *l*) Bientôt cette Société de Marchands, devenuë une Puissance formidable, bâtit dans l'Ile de Java, la ville de Batavia, la plus belle de l'Asie & le centre du commerce, dans laquelle résident cinq-mille Chinois, & où abordent toutes les nations de l'Univers. La Compagnie peut y armer trente vaisseaux de guerre de quarante piéces de canon, & mettre au moins vingt mille

k) La compagnie orientale n'a jamais tant gagné
l) Ce *Gain* augmentoit *toutes les années*: Il faut *diminuoit.*

ETAT DE L'EUROPE. 31

[mil]le hommes sous les armes *m*.) Un sim[ple]
[...] Marchand, Gouverneur de cette Colo[nie],
[...]y paroît avec la pompe des plus grands
[Roi]s, sans que ce faste Asiatique corrompe
[la f]rugale simplicité des Hollandois en Euro[pe].
[...] Ce commerce & cette frugalité firent
[la g]randeur des Sept provinces.

ANVERS, si long-tems florissante, & qui
[ava]it englouti le commerce de Venise, ne
[fut] plus qu'un désert. Amsterdam, malgré
[les] incommodités de son port, devint à son
[tou]r le magasin du monde. Toute la Hol[lan]de s'enrichit & s'embellit par des travaux
[im]menses. Les eaux de la mer furent con[ten]ues par des doubles digues. Des canaux
[cre]usés dans toutes les villes, furent revetus
[de] pierre; les rues devinrent de larges quais,
[orn]és de grands arbres. Les barque char[gé]es de marchandises abordèrent aux por[tes] des particuliers, & les étrangers ne se
[lass]ent point d'admirer ce mélange singulier,
[for]mé par les faîtes des maisons, les cimes
[de]s arbres, & les banderoles des vaisseaux,
[qu]i donnent à la fois dans un même lieu, le
[spe]ctacle de la mer, de la ville & de la cam[pa]gne. *n*)

CET

m) Elle en peut mettre au moins trente mille; notre auteur dit quelquefois trop, quelquefois trop peu.

n) Tout ce paragrafe apartient à quelque livre intitu-

CET Etat d'une espéce si nouvelle, étoit depuis sa fondation, attaché intimement à la France: l'intérêt les réunissoit; ils avoient les mêmes ennemis: Henri le Grand & Louis XIII. avoient été ses Alliés & ses Protecteurs.

DE L'ANGLETERRE.

L'ANGLETERRE beaucoup plus puissante, affectoit la souveraineté des mers, & prétendoit mettre une balance entre les dominations de l'Europe; mais Charles I. qui régnoit depuis 1625, loin de pouvoir soutenir le poids de cette balance, sentoit le sceptre échaper déja de sa main; il avoit voulu rendre son pouvoir en Angleterre indépendant des loix & changer la Religion en Ecosse. Trop opiniâtre pour se désister de ses desseins, & trop foible pour les exécuter; bon mari, bon maître, *o*) bon père, honnête-homme, mais Monarque mal conseillé: il s'engagea dans une guerre civile, qui lui fit perdre enfin le trône & la vie sur un échafaut, par une révolution presque inouïe. *p*)

CETTE

intitulé: *les délices de la Hollande*, & non à la description politique de cet état. Il falloit parler des forces des Provinces Unies & nous faire grace des embellissemens.
o) Témoin le massacre des Irlandois.
p) Tout ce morceau sur l'Angleterre me paroit
fort

ETAT DE L'EUROPE.

CETTE guerre civile, commencée dans [la] minorité de Louis XIV, empêcha pour un [te]ms l'Angleterre d'entrer dans les intérêts [d]e ses voisins : elle perdit sa considération [a]vec son bonheur *q*) son commerce fut inter[r]ompu ; les autres nations la crurent enseve[li]e sous ses ruines, jusqu'au tems où elle de[vi]nt tout-à-coup plus formidable que jamais [sou]s la domination de Cromwel, qui l'assu[jet]tit en portant l'Evangile dans une main, [l'é]pée dans l'autre, le masque de la Religion [su]r le visage, & qui dans son gouvernement, [cou]vrit des qualités d'un grand Roi tous les [cri]mes d'un Usurpateur. *r*)

DE ROME.

CETTE balance, que l'Angleterre s'étoit [lo]ngtems flâtée de maintenir entre les Rois

Tome I.   C   par

fort brillant & fort mal fait. L'auteur ne dit mot de la constitution d'Angleterre, constitution qui rend raison de tant d'événemens singuliers dont les uns ont illustré, les autres fletri le siécle de Louis XIV.

q) Elle ne perdit jamais ni l'un ni l'autre ; cela devoit être, mais cela ne fut pas, parceque toutes les autres puissances étoient ou troublées par des guerres civiles, ou occupées de leur liberté, ou malheureuses par des guerres étrangéres. Quant au bonheur, l'Angleterre y couroit & y arriva.

r) Ce tableau est admirable.

par sa puissance, la Cour de Rome essaïo[it]
de la tenir par sa politique. L'Italie éto[it]
divisée, comme aujourd'hui, en plusieu[rs]
Souverainetés: celle que possède le Pape e[st]
assez grande pour le rendre respectable com[-]
me Prince, & trop petite pour le rendre r[e-]
doutable. La nature du gouvernement n[e]
sert pas à peupler son païs, qui d'ailleurs [a]
peu d'argent & de commerce; son autori[té]
spirituelle, toûjours un peu mêlée de tem[-]
porel, est détruite & abhorrée dans la moi[-]
tié de la Chrétienté; & si dans l'autre il e[st]
regardé comme un pere, il a des enfans q[ui]
lui résistent quelquefois avec raison & ave[c]
succès. La maxime de la France est de l[e]
regarder comme une personne sacrée ma[is]
entreprenante, à laquelle il faut baiser le[s]
pieds, & lier quelquefois les mains *s*). O[n]
voit encore dans tous les païs catholiques
les traces des pas que la Cour de Rome [a]
faits autrefois vers la Monarchie universell[e.]
Tous les Princes de la Religion Catholiqu[e]
envoient au Pape, à leur avénement, de[s]
Ambassades qu'on nomme d'*obédience*. Cha[-]
que Couronne a dans Rome un Cardinal
qui prend le nom de Protecteur. Le Pap[e]
donne des Bulles de tous les Evêchés, & s'ex[-]
prime dans ses Bulles, comme s'il conféro[it]

---

s) Tout ce détail sur la cour de Rome me paroi[t]
trop long & trop minutieux.

ÉTAT DE L'EUROPE.

[...] dignités de sa seule puissance. Tous les [Évê]ques Italiens, Espagnols, Flamans, & [mê]me quelques François, se nomment Evê[que]s, par la permission divine, & par celle [du] saint siége. †) Il n'y a point de Roïaume [dan]s lequel il n'y ait beaucoup de Bénéfices à [sa] nomination; il reçoit en tribut les revenus [de] la premiere année des Bénéfices Consisto[ri]aux.

Les Religieux, dont les chefs résident à [Ro]me, sont encore autant de sujets immé[dia]ts du Pape, répandus dans tous les Etats. [La] coutume qui fait tout, & qui est cause [que] le monde est gouverné par des abus com[me] par des loix, n'a pas toûjours permis aux [Pri]nces de remédier entiérement à un danger, [qui] tient d'ailleurs à des choses utiles & sa[cré]es. Prêter serment à un autre qu'à son [Sou]verain, est un crime de Léze-Majesté [dan]s un laïque; c'est dans le cloître un acte [de] religion. La difficulté de savoir à quel [poi]nt on doit obéir à ce Souverain étranger, [la] facilité de se laisser séduire, le plaisir de [se] jouer un joug naturel pour en prendre un [que] l'on se donne à soi même, l'esprit de trou[ble], le malheur des tems, n'ont que trop [sou]vent porté des Ordres entiers de Religieux [à s]ervir Rome contre leur patrie.

C 2 L'ESPRIT

†) Quels sont les Evêques françois qui se nomment autrement?

L'Esprit éclairé qui regne en France depuis un siécle, & qui s'est étendu dans presque toutes les conditions, a été le meilleur reméde à cet abus. Les bons livres écrits sur cette matiére sont des vrais services rendus aux Rois & aux peuples : & un des grands changemens qui se soient fait par ce moïen dans nos mœurs sous Louis XIV, c'est la persuasion dans laquelle les Religieux commencent tous à être, qu'ils sont sujets du Roi, avant que d'être serviteurs du Pape. La jurisdiction, cette marque essentielle de la souveraineté, est encore demeurée au Pontife Romain. La France même, malgré toutes les libertés de l'Eglise Gallicane, souffre que l'on appelle au Pape en dernier ressort dans les Causes ecclésiastiques.

Si on veut dissoudre un mariage, épouser sa cousine ou sa niéce, se faire relever de ses vœux, c'est à Rome, & non à son Evêque, qu'on s'addresse : les graces y sont taxées, & les particuliers de tous les états achêtent des dispenses à tout prix.

Ces avantages, regardés par beaucoup de personnes comme la suite des plus grands abus, & par d'autres comme les restes des droits les plus sacrés, sont toûjours soûtenus avec art. Rome ménage son crédit avec autant de politique, que la Republique Romaine

[...]aine en mit à conquérir la moitié du mon[de in]connu.

JAMAIS Cour ne sût mieux se conduire, [sel]on les hommes & selon les tems. *u*) Les [Pa]pes sont presque toûjours des Italiens, [bla]nchis dans les affaires, sans passions qui [les] aveuglent; *x*) leur Conseil est composé [de] Cardinaux, qui leur ressemblent & qui [so]nt tous animés du même esprit. De ce [Co]nseil émanent des ordres, *y*) qui vont jus[qu']à la Chine & à l'Amérique; il embrasse [en] ce sens l'Univers; & on peut dire ce que [dis]oit autrefois un étranger du Sénat de Ro[m]e: *j'ai vû un Consistoire de Rois.* La plû[pa]rt de nos Ecrivains se sont élevés avec rai[so]n contre l'ambition de cette Cour: mais [je] n'en vois point qui ait rendu assez de ju[sti]ce à sa prudence. *z*) Je ne sai si une autre nation

u) La proposition contraire est fort vraie.

x) Je n'en connois point; & je doute que quelqu'un en connoisse.

y) Il n'en émane guere aujourdui que des intrigues, des plaintes, des prieres, ou des anathêmes. Mais l'Auteur a sur tout cela des memoires particuliers.

z) *Prudence* signifie sans doute ici *politique*: mais il y a, sur tout dans ces derniers tems, mille écrivains François, qui l'ont ou exaltée ou demasquée, ou proposée pour modele, quoique dans le fond tout le merveilleux consiste dans de petits ruses que les petits esprits prennent pour

nation eût pû conferver fi longtems dans l'Europe tant de prérogatives toûjours combatuës: toute autre Cour les eût peut-être perduës, ou par fa fierté, ou par fa molleffe, ou par fa lenteur, ou par fa vivacité; mais Rome emploiant prefque toûjours à propos la fermeté & la foupleffe, a confervé tout ce qu'elle a pû humainement garder. *a)* On la vit rampante fous Charles-Quint, terrible à notre Roi Henri III, ennemie & amie tour-à-tour de Henri IV, adroite avec Louis XIII, oppofée ouvertement à Louis XIV, dans le tems qu'il fut à craindre, & fouvent ennemie fecrette des Empereurs, dont elle fe défioit plus que du Sultan des Turcs. *b)*

QUEL-

pour de grands coups d'état. Rien ne reffemble mieux à la politique des Papes que la politique foible & lâche de l'avare Mazarin.

a) Rome a-t'elle confervé l'Angleterre ? a-t'elle confervé la moitié de l'empire ? a-t'elle confervé la Suede, le Dannemarc, les trois quarts de la Suiffe ? a-t'elle confervé fes hauteurs qui fefoient trembler l'Italie, fon pouvoir détrônant, fon autorité naiffante à la Chine & au Japon ? A-elle confervé cette confideration qui la rendoit l'arbitre de tous les différens, cette politique active & vigoureufe qui lui affujettiffoit toute l'Italie ? Tous ces droits, tous ces avantages fe pouvoient bien plus aifément garder qu'ils ne fe pouvoient aquérir.

b) Sultan fuffifoit.

ETAT DE L'EUROPE.

Quelques droits, beaucoup de prétentions, de la politique, & de la patien[ce], voilà ce qui reste aujourd'hui à Rome [de] cette ancienne Puissance, qui six siècles [au]paravant avoit voulu soumettre l'Empire [&] l'Europe a la tiâre.

Naples est un témoignage subsistant [en]core de ce droit que les Papes surent pren[dre] autrefois avec tant d'art & de grandeur, [de] créer & de donner des Roïaumes. Mais [le] Roi d'Espagne, possesseur de cet Etat, ne [d]oit à la Cour Romaine c) que l'honneur [&] le danger d'avoir un Vassal trop puissant.

DU RESTE DE L'ITALIE.

Au reste, l'Etat du Pape étoit dans une [pai]x heureuse, qui n'avoit été altérée que [pa]r une petite guerre entre les Cardinaux [Ba]rberin, neveux du Pape Urbain VIII, [&] le Duc de Parme; guerre peu sanglante [&] passagére, telle qu'on la devoit attendre [de] ces nouveaux Romains, dont les mœurs [do]ivent être nécessairement conformes à [l'e]sprit de leur gouvernement. Le Cardinal [Ba]rberin, auteur de ces troubles, marchoit [à] la tête de sa petite armée avec des Indul[ge]nces. La plus forte bataille, qui se donna,

c) Je crois qu'on dit plus communement; *la Cour de Rome.*

na, fut entre quatre ou cinq cens hommes de chaque parti. La forteresse de Piégaia se rendit à discrétion, dès qu'elle vit approcher l'artillerie; cette artillerie consistoit en deux coulevrines. Cependant il fallut pour étouffer ces troubles, qui ne méritent point de la place dans l'histoire, plus de négociations que s'il s'étoit agi de l'ancienne Rome & de Carthage. On ne rapporte cet événement que pour faire connoître le génie de Rome moderne, qui finit tout par la négociation, comme l'ancienne Rome finissoit tout par des victoires.

Les autres provinces d'Italie écoutoient des intérêts divers. Venise craignoit les Turcs & l'Empereur; elle défendoit à peine ses Etats de Terre-Ferme, des prétentions de l'Allemagne & de l'Invasion du Grand Seigneur. Ce n'étoit plus cette Venise autrefois la maîtresse du commerce du monde, qui cent cinquante ans auparavant avoit excité la jalousie de tant de Rois. *d)* La sagesse de son gouvernement subsistoit, mais son grand commerce anéanti *e)* lui ôtoit presque

tout

d) Le debut de cette periode sent le déclamateur.

e) Le commerce de Venise étoit forte *diminué* mais il n'étoit point *anéanti*. On voit bien que l'auteur aperçoit le vrai; mais il va toujours

ÉTAT DE L'EEUROPE 41

[d]e sa force, & la ville de Venise étoit, [par] sa situation, incapable d'être domptée, [p]ar sa foiblesse, incapable de faire des [con]quêtes.

L'ETAT de Florence jouissoit de la tran[qui]lité & de l'abondance, sous le gouverne[me]nt des Médicis; les Lettres, les Arts, & [la] Politesse, que les Médicis avoient fait naî[tre], florissoient encore. La Toscane alors [étoi]t en Italie ce qu'Athènes avoit été en [Grè]ce.

[L]A Savoie déchirée par une guerre civile, [&] par les troupes Françoises & Espagnoles, [étoi]t enfin réunie toute entière en faveur [de] la France, & contribuoit en Italie à l'af[foi]blissement de la puissance Autrichienne.

[L]ES Suisses conservoient, comme aujour[d'h]ui, leur liberté, sans chercher à oppri[m]er personne. Ils vendoient leurs trou[pe]s à leurs voisins plus riches qu'eux; ils [éto]ient pauvres; ils ignoroient les sciences [&] tous les arts que le luxe a fait naître; [ma]is ils étoient sages & heureux.

DES ETATS DU NORD.

LES nations du Nord de l'Europe, la
Polo-

jours au delà. Cette expression seroit à peine convenable aujourdui que le Venitien figure en Europe non comme un peuple marchand, mais comme un peuple sage.

Pologne, la Suede, le Danemarck, la Moscovie, étoient comme les autres Puissances toûjours en défiance ou en guerre entr'elles. On voïoit, comme aujourd'hui, dans la Pologne les mœurs & le gouvernement des Goths & des Francs *f*), un Roi électif, des Nobles partageans sa puissance, un peuple esclave, une foible infanterie, une cavalerie composée de Nobles, point de villes fortifiées, presque point de commerce. Ces peuples étoient tantôt attaqués par les Suédois ou par les Moscovites, & tantôt par les Turcs. Les Suédois, nation plus libre encore par sa constitution, qui admet les païsans même dans les Etats-Généraux; mais alors plus soumise à ses Rois que la Pologne, furent victorieux presque par tout. Le Danemarck, autrefois formidable à la Suede *h*)

f) Pour les mœurs, oui; pour le gouvernement, non.

g) Point du tout; car la Suede donne à son Roi un plus grand pouvoir, la Suede a dans un de ses voisins l'exemple d'un despotisme assez heureux; la Suede se rappelle qu'elle a pu être gouvernée par une batte, & se le rappelle sans fremir.

h) De quel tems parle l'auteur? Le Dannemarc a toujours été redoutable à la Suede; & elle n'a pas besoin d'un Bernsdorff ni d'un bon Roi pour se faire respecter de ses voisins.

ÉTAT DE L'EUROPE. 43

[n']étoit plus à personne. La Moscovie n'é[toit] encore que barbare.

DES TURCS.

LES Turcs n'étoient pas ce qu'ils avoient [été] sous les Sélims, les Mahomets, & les [Soli]mans; la mollesse corrompoit le sérail, [san]s en bannir la cruauté. Les Sultans éto[ien]t en même tems, & les plus despotiques [des] Souverains, & les moins assurés de leur [trô]ne & de leur vie. Osman & Ibrahim [ven]oient de mourir par le cordeau. Musta[pha] avoit été deux fois déposé. L'Empire [Tur]c ébranlé par ces secousses, étoit encore [atta]qué par les Persans; mais quand les [Per]sans le laissoient respirer, & que les ré[vol]utions du sérail étoient finies, cet Empi[r]e redevenoit formidable à la Chrétienté; [&] depuis l'embouchure du Boristhène jus[qu']aux Etats de Venise, on voïoit la Mosco[vie], la Hongrie, la Grèce, les Iles, tour-à-[to]ur en proie aux armes des Turcs: & dès [e]n 1640., ils faisoient constamment cette [gue]rre de Candie si funeste aux Chrétiens. [Te]lles étoient la situation, les forces, & [l'in]térêt des principales Nations Européanes, [lor]s le tems de la mort du Roi de France [L]ouis XIII. *i*)

SITUA-

---

i) François d'Allemagne.

SITUATION DE LA FRANCE.

La France alliée à la Suéde, à la Hollande, à la Savoie, au Portugal, & aïant pour elle les vœux des autres peuples demeurés dans l'inaction, soûtenoit contre l'Empire & l'Espagne, une guerre ruineuse aux deux partis, & funeste à la maison d'Autriche. Cette guerre étoit semblable à toutes celles qui se font depuis tant de siecles entre les Princes Chrétiens, dans lesquelles des millions d'hommes sont sacrifiés, & des provinces ravagées, pour obtenir enfin quelques petites villes frontiéres, dont la possession vaut rarement ce qu'a coûté la conquête.

Les Généraux de Louis XIII. avoient pris Roussillon; les Catalans venoient de se donner à la France, protectrice de la liberté qu'ils défendoient contre leurs Rois; mais ces succès n'avoient pas empêché les ennemis de prendre Corbie en 1637, & de venir jusqu'à Pontoise. La peur avoit chassé de Paris la moitié de ses habitans k), & le Cardinal de Richelieu, au milieu de ses vastes projets d'abaisser la puissance Autrichienne, avoit été réduit à taxer les portes cochéres de Paris à fournir chacune un laquais pour aller à la guerre, & pour repousser les ennemis des portes de la Capitale.

Les

---

k) Il falloit dire *une partie de ses habitans*.

ETAT DE L'EUROPE. 45

Les François avoient donc fait beaucoup
[m]al aux Espagnols & aux Allemans, &
[n']avoient pas moins essuïé. *l*)

MOEURS DU TEMS.

Les guerres avoient produit des Géné-
[rau]x illustres, tels qu'un Gustave-Adolphe,
[un] Wallenstein, un Duc de Weimar, Pico-
[lom]ini, Jean de Vert, le Maréchal de Gué-
[bria]nt, les Princes d'Orange, le Comte d'Har-
[cou]rt. Des Ministres d'Etat ne s'étoient pas
[moi]ns signalés. Le Chancelier Oxenstiern,
[le C]omte-Duc d'Olivarès, mais sur tout le
[Car]dinal Duc de Richelieu, avoient attiré
[sur] eux l'attention de l'Europe. Il n'y a au-
[cun] siécle qui n'ait eu des hommes d'Etat &
[de] guerre célèbres *m*); la politique & les
[ar]mes semblent malheureusement être les
[deu]x professions les plus naturelles à l'hom-
[me]; il faut toûjours ou négocier, ou se bat-
[tre]. Le plus heureux passe pour le plus
[gra]nd, & le public attribuë souvent au mé-
[rite] tous les succès de la fortune. *n*)

LA

l) Cette page sur la France est bien pâle & bien
maigre.

m) La proposition est fausse: & l'expression n'est
pas françoise: il faut ; & *des hommes de
guerre*.

n) Réflexion triviale, & trivialement rendue.

On

La guerre ne se faisoit pas comme nous l'avons vû faire du tems de Louis XIV; les armées n'étoient pas si nombreuses: aucun Général, depuis le siége de Metz par Charles-Quint, ne s'étoit vû à la tête de cinquante-mille hommes: on assiégeoit & on défendoit les places avec moins de canons qu'aujourd'hui. L'art des fortifications étoit encore dans son enfance; les piques & les arquebuses étoient en usage; on se servoit beaucoup de l'épée, devenuë inutile aujourd'hui. Il restoit encor des anciennes loix des nations, celle de déclarer la guerre par un héraut. Louis XIII. fut le dernier qui observa cette coûtume. Il envoïa un héraut d'armes à Bruxelles, déclarer la guerre à l'Espagne en 1635. *o)*

RIEN n'étoit plus commun alors que de voir des Prêtres commander des armées *p)*.

On diroit tout aussi bien que le public attribue souvent à la fortune tous les succès du mérite, des talens & de la prudence.

o) Cet article est intitulé: *Mœurs du tems.* Et qu'importe à ces mœurs la manière dont on fesoit la guerre? Tout ce morçeau est plein de chose qui ne caractérisent point les hommes; l'auteur y parle des coutumes, des abus, des erreurs, des fautes; il n'y parle point des mœurs.

p) Ramenez les mêmes circonstances: rien ne sera plus commun aujourdui.

ETAT DE L'EUROPE. 47

…ardinal Infant, le Cardinal de Savoie, …helieu, la Valette, Sourdis Archevêque …Bourdeaux, avoient endoſſé la cuiraſſe, …fait la guerre eux-mêmes. Les Papes …nacérent quelquefois d'excommunication …Prêtres Guerriers. Le Pape Urbain VIII. …né contre la France, fit dire au Cardinal …la Valette, qu'il le dépouilleroit du Car-…alat, s'il ne quittoit les armes; mais réuni …e la France, il le combla de bénédictions. …es Ambaſſadeurs, non moins Miniſtres …paix que les Eccléſiaſtiques, ne faiſoient …e difficulté de ſervir dans les armées des …ſances Alliées, auprès deſquelles ils …ent emploiés *q*). Charnacé, Envoié de …ce en Hollande, y commandoit un ré-…ment en 1637; & depuis même, l'Am-…ſadeur d'Eſtrade fut Colonel à leur ſer-…

La France n'avoit en tout qu'environ …tre-vingt-mille hommes effectifs ſur pied. …Marine, anéantie depuis des ſiécles *r*), ré-…lie un peu par le Cardinal de Richelieu, fut

) Il n'y a rien là de particulier. On a vu la même choſe ſous Louis XIV, la même choſe ſous Louis XV, d'Eſtrades, Fenelon, Plelo.

) L'anéantiſſement ſuppoſe l'être; & la marine de France n'avoit jamais exiſté. Mais que cela fait il aux mœurs, que l'auteur avoit pro-mis de peindre?

fut ruinée sous Mazarin. Louis XIII. n'avoit qu'environ quarante-cinq millions réels de revenu ordinaire ; mais l'argent étoit à vingt-six livres le marc : ces quarante-cinq millions revenoient à environ quatre-vingt-cinq millions de notre tems, où la valeur arbitraire du marc d'argent est poussée jusqu'à quarante-neuf livres & demie ; valeur numéraire exorbitante, & que l'intérêt public & la justice demandent qui ne soit jamais augmentée. s)

LE Commerce, généralement répandu aujourd'hui, étoit en très peu de mains ; la Police du Roiaume étoit entièrement négligée, preuve certaine d'une administration peu heureuse. Le Cardinal de Richelieu, occupé de sa propre grandeur attachée à celle de l'Etat, avoit commencé à rendre la France formidable au-dehors, sans avoir encor pû la rendre bien florissante au-dedans.

Le

---

s) Il est très indifférent, que la valeur d'un objet soit augmentée idéalement, dès que cette augmentation idéale n'influe pas sur le commerce & n'est que dans les termes. D'ailleurs, l'auteur dit plus haut, que la valeur du marc d'argent est arbitraire ; ce qui n'est assurément pas, mais ce qui prouve qu'il ne lui sied point d'en condamner la dénomination arbitraire. Il est bien étonnant, que Mr. de Voltaire soit si peu instruit de ce qui regarde l'argent.

ETAT DE L'EUROPE. 49

grands chemins n'étoient ni réparés, ni [gardés]; les brigands les infestoient: les rues [de] Paris, étroites, mal pavées, & couver[tes] d'immondices dégoûtantes, étoient rem[plie]s de voleurs. On voit par les regîtres [du] Parlement, que le guet de cette ville étoit [rédu]it alors à quarante-cinq hommes mal [payé]s, & qui même ne servoient pas. *t)*

[D]EPUIS la mort de François II, la Fran[ce] avoit été toûjours ou déchirée par des [guer]res civiles, ou troublée par des factions. *u)* [M]ais le joug n'avoit été porté d'une maniére [pai]sible & volontaire. Les Seigneurs avoient [été é]levés dans les conspirations; c'étoit l'art [de la] Cour, comme celui de plaire au Sou[vera]in l'a été depuis.

[C]ET esprit de Discorde & de Faction avoit [passé] de la Cour jusqu'aux moindres villes, [& p]ossédoit toutes les communautés du Ro[yaum]e; on se disputoit tout, parce qu'il n'y [avoi]t rien de réglé: il n'y avoit pas jusqu'aux [paro]isses de Paris qui n'en vinssent aux mains; [les] Processions se battoient les unes contre les [autr]es, pour l'honneur de leurs banniéres. *x)*

Tome I.   D   On

---

t) Tout cela ne va point à votre but. Que font aux mœurs du tems les rues & le guet de Paris?

u) Quand?

x) Les petits combats prouvent si peu l'esprit
de

On avoit vû souvent les Chanoines de Notre-Dame aux prises avec ceux de la Sainte-Chapelle: le Parlement & la Chambre des Comptes s'étoient battus pour le pas, dans l'église de Notre-Dame, le jour que Louis XIII. mit son Roïaume sous la protection de la Vierge Marie. *y*)

PRESQUE toutes les Communautés du Roïaume étoient armées; presque tous les particuliers respiroient la fureur du duël. Cette Barbarie Gothique, autorisée autrefois par les Rois même *z*), & devenuë le caractère de la nation *a*), contribuoit encore autant que les guerres civiles & étrangéres, à dépeupler les païs *b*). Ce n'est pas trop di-

de discorde & de faction, qu'on les a vu renouveller aujourdui qu'il regne dans le Roïaume la plus parfaite union. On a vu à Paris l'an 1751. des paroisses en venir aux mains, & les prêtres les plus humbles disputer dans les processions du Jubilé. Des vains *honneurs* du pas le frivole avantage!

y) Et combien n'y a-t-il pas eu sous Louis XIV. & depuis, de procès entre des Prélats & des cours souveraines touchant de menus droits de préséance, de génuflexion?

z) Il falloit ajouter; *& consacrée par la réligion.*

a) *Devenue le caractère de la nation.* Cela n'est ni vrai ni François.

b) Cette hiperbole ne seroit pas pardonnée à un déclamateur.

, que dans le cours de vingt années, dont dix avoient été troublées par la guerre, il étoit mort plus de François de la main des François même, que de celle des ennemis *c*).

On ne dira rien ici de la manière dont les Arts & les Sciences étoient cultivés; on trouvera cette partie de l'histoire de nos mœurs à sa place. On remarquera seulement que la Nation Françoise étoit plongée dans l'ignorance, sans excepter ceux qui croient n'être point peuple.

On consultoit les Astrologues, & on y croïoit. Tous les Memoires de ces temslà, à commencer par l'histoire du Président de Thou, sont remplis de prédictions. Le grave & sévére Duc de Sully rapporte sérieusement celles qui furent faites à Henri IV: *d*) cette crédulité, la marque la plus infaillible de l'ignorance, étoit si accréditée, qu'on eut soin

---

c) Et je pretends, moi, que ce n'est pas trop dire que dans ce morceau sur le duel, la vérité, le stile, le bon sens sont également négligés.

d) Où? dans ses Mémoires? Mais l'auteur a-t'il oublié que ses Mémoires ne sont pas de lui. Et pourquoi lui impute-t'il donc les foiblesses de ses commis? Peut-être est il revenu aujourd'hui du jugement défavorable qu'il avoit porté de ce livre: mais convient-il à un homme d'honneur de se retracter?

soin de tenir un Aſtrologue caché près de la chambre de la Reine Anne d'Autriche, au moment de la naiſſance de Louis XIV.

CE que l'on croira à peine, & ce qui eſt pourtant rapporté par l'Abbé Vittorio Siry, auteur contemporain, très-inſtruit; e) c'eſt que Louis XIII. eut dès ſon enfance le ſurnom de Juſte, parce qu'il étoit né ſous le ſigne de la balance.

LA même foibleſſe, qui mettoit en vogue cette chimére abſurde de l'Aſtrologie Judiciaire, faiſoit croire aux Poſſeſſions, & aux Sortiléges: on en faiſoit un point de Religion; l'on ne voïoit que des Prêtres qui conjuroient des démons. Les Tribunaux, compoſés de magiſtrats, qui devoient être plus éclairés que le vulgaire, étoient occupés à juger des ſorciers. On reprochera toûjours à la mémoire du Cardinal de Richelieu, la mort de ce fameux Curé de Loudun, Urbain Grandier, condamné au feu comme Magicien par une Commiſſion du Conſeil. On s'indigne, que le Miniſtre & les Juges aïent eû la foibleſſe de croire aux Diables de Loudun, ou la barbarie d'avoir fait périr un innocent dans les flammes. On ſe ſouviendra avec étonnement juſqu'à la derniére poſtérité, que

e) Pas ſi inſtruit. Vaſſor rougiſſoit de le citer: Siri eſt un hiſtorien ſans fidelité & ſans jugement.

ETAT DE L'EUROPE. 53

que la Maréchale d'Ancre fut brûlée en place de gréve comme sociére, & que le Conseiller Courtin, interrogeant cette femme infortunée, lui demanda de quel sortilége elle s'étoit servie pour gouverner l'esprit de Marie de Médicis; que la Maréchale lui repondit: *je me suis servie du pouvoir qu'ont les ames fortes sur les esprits foibles;* & qu'enfin cette réponse ne servit qu'à précipiter l'arrêt sa mort. *f*)

On voit encore dans une copie de quelque regîtres du Châtelet, un procès commencé en 1601, au sujet d'un cheval, qu'un maître industrieux avoit dressé à-peu-près de la maniére dont nous avons vû des exemples à la foire; on vouloit faire brûler & le maître & le cheval comme sorciers.

EN voilà assez *g*) pour faire connoître en général les mœurs & l'esprit du siécle, qui précéda celui de Louis XIV.

CE défaut de lumiéres dans tous les Ordres de l'Etat, fomentoit chez les plus honnêtes gens des pratiques superstitieuses, qui déshonoroient la Religion. Les Calvinistes, confondant avec le culte raisonnable des

D 3 Catho-

---

f) Cette longue énumération des exemples de la crédulité de nos Peres est un hors-d'œuvre.

g) *En voilà assez*: & ce qu'il y a de singulier c'est que l'auteur n'a encore rien dit de l'esprit des mœurs.

Catholiques les abus qu'on faisoit de ce culte, n'en, étoient que plus affermis dans leur haine contre notre Eglise. Ils opposoient à nos superstitions populaires, souvent remplies de débauches, une dureté farouche & des mœurs féroces, caractère de presque tous les Reformateurs *) ainsi l'esprit de ce parti déchiroit & avilissoit la France: **) & l'esprit de société, qui rend aujourd'hui cette nation si célèbre & si aimable, étoit absolument inconnu. Point de maisons où les gens de mérite s'assembloient pour se communiquer leurs lumiéres *h*); point d'Académies *i*), point de Théatres, *k*) Enfin, les mœurs, les loix, les arts, la société, la religion, la paix & la guerre, n'avoient rien de ce qu'on vit depuis dans le siécle qu'on appelle le siécle de Louis XIV. *l*)

CHAPI-

*) Le caractère de touts les réformateurs ne fut jamais essentiellement celui de réformer.
**) J'aimerois mieux; *éclairoit*.
h) Il y en avoit en beaucoup plus grand nombre que sous Louis XIV.
i) Et qu'étoit donc l'Académie françoise?
k) Corneille avoit paru.
l) Cette derniere phrase est d'un peintre, las de tenir le pinceau. En général le tableau des mœurs du tems est mal fait, rempli de petitesses, inéxact, sans liaison, médiocrement écrit; c'est un tableau d'imagination, & d'une imagination qui n'est pas toujours heureuse.

CHAPITRE SECOND.

Minorité de LOUIS XIV; *Victoires des François sous le grand Condé, alors Duc d'Enguien.*

LE Cardinal de Richelieu, & Louis XIII. venoient de mourir; l'un admiré & haï, l'autre déjà oublié. Ils avoient laissé aux François, alors très-inquiets, de l'aversion pour le nom seul du Ministére, & peu de respect pour le Trône. Louis XIII. par son testament établissoit un Conseil de Régence. Ce Monarque, mal ébéi pendant sa vie, se flata de l'être mieux aprés sa mort; *a)* mais la premiére démarche de sa veuve, Anne d'Autriche, fut de faire annuller les volontés de son mari, par un Arrêt du Parlement de Paris. *b)* Ce corps, longtems opposé à la Cour, & qui avoit à peine conservé sous

18. Août 1643.

---

a) Ce n'est là qu'une épigramme, peu digne de la majesté de l'histoire. Si Louis XIII étoit mal obéi, il ne le sentoit pas: il sentoit tous au plus qu'il étoit gouverné par un ministre très bien obéi; & comment pouvoit-il donc se flatter d'être le maitre après sa mort.

b) On diroit que le parlement de Paris s'étoit arrogé le pouvoir de celui d'Angleterre, lui, qui proscrivit Mazarin, parce qu'il l'avoit comparé au parlement d'Angleterre.

Louis, la liberté de faire des remontrances, cassa le testament de son Roi, avec la même facilité qu'il auroit jugé la cause d'un citoien. c) Anne d'Autriche s'adressa à cette compagnie, pour avoir la Régence illimitée, parce que Marie de Médicis s'étoit servie du même tribunal après la mort de Henri IV; & Marie de Médicis avoit donné cet exemple, parce que toute autre voie eût été longue & incertaine; que le Parlement entouré de ses gardes, ne pouvoit résister à ses volontés *d*); & qu'un Arrêt rendu au Parlement & par les Pairs, sembloit assurer un droit incontestable (*).

L'USAGE

(*) *Riencourt, dans son Histoire de Louis XIV. dit que le testament de Louis XIII. fut vérifié au Parlement.* Ce qui trompa cet écrivain, c'est qu'en effet *Louis XIII. avoit déclaré la Reine Regente; ce qui fut confirmé: mais il avoit limité son autorité, ce qui fut cassé.*

c) Il falloit dire, *avec bien plus de facilité* & ajouter, pour ne pas faire un prodige de ce qui n'en est pas un ; " *que la raison d'état forçoit à cette précipitation.*

d) D'un corps bien respectable l'auteur en fait un corps bien lâche & bien foible. Qu'auroient fait au parlement les gardes de Marie de Médicis? Ils l'auroient massacré, & le peuple n'eut-il pas vengé son protecteurs? L'auteur a sans doute oublié, que cette compagnie s'est vu, sans pâlir, dans des circonstances bien plus propres à l'effraïer, lors des guerres civiles.

MINORITÉ.

L'USAGE qui donne la Régence aux Mères des Rois, parut donc alors aux François une loi presque aussi fondamentale que celle qui prive les femmes de la couronne. Le Parlement de Paris, aïant décidé deux fois cette question, c'est-à-dire, aïant seul déclaré par des Arrêts ce droit des Mères, parut en effet avoir donné la Régence; il se regarda, non sans quelque vraisemblance, comme le Tuteur des Rois, & chaque Conseiller crut être une patrie de la Souveraineté. *e)* Par le même Arrêt Gaston Duc d'Orleans frere du feu Roi, eut le vain titre de Lieutenant-Général du Roïaume sous la Regence absoluë. *f)*

ANNE d'Autriche fut obligée d'abord de continuer la guerre contre le Roi d'Espagne

Phi-

---

e) Le premier membre est bon ; le second est ridicule : L'auteur fait d'abord bien raisonner le parlement en gros, & puis vous le fait délirer en détail.

f) Ce titre fut si peu *vain*, qu'il mit un frein à cette autorité absolue que Mr. de V. attribue à la regente, sans doute plutot pour la commodité de l'antithese que pour l'exactitude des faits. Cette autorité fut toujours bornée, & devoit l'être nécessairement par *Monsieur* qui n'avoit nulle-part à l'administration, mais qui en avoit beaucoup à la législation, & par les princes du sang qui avoient une part immense au Conseil, dont Condé fut déclaré le chef.

Philippe IV. son frere, qu'elle aimoit. Il est difficile de dire précisément, pourquoi l'on faisoit cette guerre g); on ne demandoit rien à l'Espagne, pas même la Navarre, qui auroit dû être le patrimoine des Rois de France. On se battoit depuis 1635, parce que le Cardinal de Richelieu l'avoit voulu, & il est à croire qu'il l'avoit voulu pour se rendre nécessaire. Il s'étoit lié contre l'Empereur avec la Suéde, & avec le Duc Bernard de Saxe-Weimar, l'un de ces Généraux que les Italiens nommoient Condottieri, c'est-à-dire, qui vendoient des troupes. Il attaquoit aussi la branche Autrichienne-Espagnole dans ces dix provinces que nous appellons en général du nom de Flandre; & il avoit partagé avec les Hollandois alors nos Alliés, cette Flandre qu'on ne conquit point.

Le fort de la guerre étoit du côté de la Flandre; les troupes Espagnoles sortirent des frontieres du Hainaut au nombre de vingt-six mille hommes, sous la conduite d'un vieux Général expérimenté, nommé Dom Francisco de Mello. Ils vinrent ravager les frontieres de Champagne: ils attaquérent Rocroi, & ils crurent pénétrer bien-tôt jusqu'aux portes de Paris, comme ils avoient fait huit ans auparavant. La mort de Louis XIII, la foiblesse

---

g) Lisez Vassor. Pourquoi chercher par tout du merveilleux?

MINORITÉ.

blesse d'une minorité, relevoient leurs espérances ; & quand ils virent qu'on ne leur opposoit qu'une armée inférieure en nombre, commandée par un jeune homme de 21 ans, leur espérance se changea en sécurité.

CE jeune homme sans expérience, qu'ils méprisoient, étoit Louis de Bourbon alors Duc d'Enguien, connu depuis sous le nom du grand Condé. La plûpart des grands Capitaines sont devenus tels par dégrez *h*). Ce Prince étoit né Général; l'art de la guerre sembloit en lui un instinct naturel : il n'y avoit en Europe que lui & le Suédois Tortenson *i*), qui eussent eû à vingt ans ce génie qui peut se passer de l'expérience. *k*)

LE Duc d'Enguien avoit reçu, avec la nouvelle de la mort de Louis XIII, l'ordre de ne point hazarder de bataille. Le Maréchal de l'Hopital, qui lui avoit été donné pour le conseiller & pour le conduire, secondoit par sa circonspection ces ordres timides. Le Prince ne crut ni le Maréchal ni la Cour; il ne confia son dessein qu'à Gassion Maréchal de Camp, digne d'être consulté

par

h) La proposition contraire est encore la vraie.
i) Que l'auteur ne disoit-il aussi pour la simetrie ; *le François Condé*.
k) Pour parler exactement, il falloit dire, *qui eussent montré*.

par lui; ils forcérent le Maréchcl à trouver la bataille néceſſaire.

On remarque, que le Prince aïant tout réglé le ſoir, veille de la bataille, s'endormit ſi profondément, qu'il fallut le réveiller pour la donner. On conte la même choſe d'Alexandre: il eſt naturel qu'un jeune homme, épuiſé des fatigues que demande l'arrangement d'un ſi grand jour, tombe enſuite dans un ſommeil plein *l*); il l'eſt auſſi, qu'un génie fait pour la guerre, agiſſant ſans inquiétude, laiſſe au corps aſſez de calme pour dormir. Le Prince gagna la bataille par lui-même, par un coup d'œil qui voïoit à la fois le danger & la reſſource, par ſon activité exemte de trouble, qui le portoit à propos à tous les endroits. Ce fut lui qui avec de la cavalerie, attaqua cette infanterie Eſpagnole juſques-là invincible, auſſi forte, auſſi ſerrée que la phalange ancienne ſi eſtimée, & qui s'ouvroit avec une agilité, que la phalange n'avoit pas, pour laiſſer partir la décharge de dix-huit canons, qu'elle renfermoit au milieu d'elle. Le Prince l'entoura, & l'attaqua trois fois. A peine victorieux, il arrêta le carnage. Les Officiers Eſpagnols ſe jettoient à ſes genoux, pour trouver auprès de lui un azile contre la fureur du ſoldat

19. Mai.

l) Cette réflexion ſur le ſommeil de Condé eſt longue, déplacée, & preſque puérile.

...dat vainqueur. Le Duc d'Euguien eut autant de soin de les épargner, qu'il en avoit pris pour les vaincre.

Le vieux Comte de Fuentes, qui commandoit cette infanterie Espagnole, mourut percé de coups. Condé en l'apprenant, dit: *qu'il voudroit être mort comme lui, s'il n'avoit pas vaincu.* m)

Le respect qu'on avoit encor en Europe pour les armées Espagnoles fut anéanti, & l'on commença à faire cas des armées Françoises, qui n'avoient point depuis cent ans gagné de bataille si célèbre; car la sanglante journée de Marignan, disputée plûtôt que gagnée par François Premier sur les Suisses, avoit été l'ouvrage des bandes noires Allemandes, autant que des troupes Françoises.

Les journées de Pavie & de Saint-Quentin étoient encor des époques fatales à la réputation de la France. Henri IV. avoit eû le malheur de ne remporter des avantages mémorables que sur sa propre nation. Sous Louis XIII, le Maréchal de Guébriant avoit eû de petits succès, mais toûjours balancés par des pertes. Les grandes batailles, qui ébranlent les Etats, & qui restent à jamais dans la mémoire des hommes, n'avoient été

données

---

m) Cette historiette ne devoit point entrer dans un livre, où l'auteur n'avoit promis que de grands événemens.

données en ce tems que par Guſtaphe-Adolphe.

8. Août 1643.
CETTE journée de Rocroi devint l'époque de la gloire Françoiſe, & de celle de Condé: il ſut vaincre & profiter de la victoire. Ses lettres à la Cour firent réſoudre le ſiége de Thionville, que le Cardinal de Richelieu n'avoit pas ôſé hazarder; & ſes couriers revenus trouverent tout préparé pour cette expédition.

LE Prince de Condé paſſa à travers le païs ennemi, trompa la vigilance du Général Beck, & prit enfin Thionville. De là il courut mettre le ſiége devant Cirq, & s'en rendre maître. Il fit repaſſer le Rhin aux Allemans; il le paſſa après eux; il vint réparer les pertes & les défaites que les François avoient eſſuiées ſur ces frontiéres après la mort du Maréchal de Guébriant. Il trouva Fribourg pris, & le Général Merci ſous ſes murs avec une armée ſupérieure encor à la ſienne. Condé avoit ſous lui deux Maréchaux de France, dont l'un étoit Grammont, & l'autre ce Turenne, fait Maréchal depuis peu de mois, après avoir ſervi heureuſement en Piémont contre les Eſpagnols. Il jettoit alors les fondemens de la grande réputation qu'il eut depuis. Le Prince, avec ces deux Généraux, attaqua le camp de Merci, retranché

ranché sur deux éminences. Le combat re- 21.
commença trois fois, à trois jours différens. Août
On dit que le Duc d'Enguien jetta son bâton 1644.
de commandement dans les retranchemens
des ennemis, & marcha pour le reprendre
l'épée à la main à la tête du régiment de
Conti. Il falloit peut-être des actions aussi
hardies pour mener les troupes à des attaques si difficiles. Cette bataille de Fribourg, plus meurtriére que décisive, fut la seconde victoire de ce Prince. Merci décampa quatre jours après. Philipsbourg & Mayence rendus, furent la preuve & le fruit de la victoire. *n*)

LE Duc d'Enguien retourne à Paris, reçoit les acclamations du peuple, & demande des récompenses à la Cour; il laisse son armée au Maréchal de Turenne. Mais ce Général, tout habile qu'il est déja, est battu à Marienthal. Le Prince revole à l'armée, *Avril* reprend le commandement & joint à la gloi- 1645. re de commander encor Turenne, celle de réparer sa défaite. Il attaque Merci dans les 3. plaines de Norlingue. Il y gagne une ba- *Août* taille complette. Le Maréchal de Gram- 1645. mont y est pris, mais le Général Gléen, qui commandoit sous Merci, est fait prisonnier, & Merci est au nombre des morts. Ce Général

n) Tout ce morceau est bien écrit, & très digne de Voltaire & de Condé.

néral regardé comme un des plus grands Capitaines, fut enterré dans le champ de bataille; & on grava sur sa tombe; *sta, viator, Heroem calcas:* arrête, voïageur, tu foules un Héros.

7. Octob. 1646.
LE nom du Duc d'Enguien éclipsoit alors tous les autres noms. Il assiégea ensuite Dunkerque à la vuë de l'armée Espagnole, & il fut le premier qui donna cette place à la France.

TANT de succès & de services, moins récompensés que suspects à la Cour, le faisoient craindre du ministére autant que des ennemis. On le tira du théatre de ses conquétes & de sa gloire, & on l'envoia en Catalogne avec de mauvaises troupes mal païées; il assiégea Lérida, & fut obligé de lever le siége. On l'accuse, dans quelques livres, de fanfaronade, pour avoir ouvert la tranchée avec des violons. On ne savoit pas que c'étoit l'usage en Espagne.

1647.

BIENTÔT les affaires chancelantes forcérent la Cour de rappeller Condé en Flandre. L'Archiduc Léopold, frère de l'Empereur, assiégeoit Lens en Artois. Condé rendu à ses troupes qui avoient toûjours vaincu sous lui, les mene droit à l'Archiduc. C'étoit pour la troisiéme fois qu'il donnoit bataille avec le désavantage du nombre. Il dit à ses
soldats

MINORITÉ. 65

soldats ces seules paroles: *amis, souvenez-vous de Rocroi, de Fribourg & de Nordlingue* o). Cette bataille de Lens mit le comble à sa gloire.

Il dégagea lui-même le Maréchal de Grammont, qui plioit avec l'aile gauche; il prit le Général Beck: L'Archiduc se sauva à peine avec le Comte de Fuensaldagne: Les Impériaux & les Espagnols, qui composoient cette armée, furent dissipés; ils perdirent plus de cent drapeaux, trente-huit pièces de canons; ce qui étoit alors très considérable. On leur fit cinq mille prisonniers; on leur tua trois mille hommes, le reste déserta p) & l'Archiduc demeura sans armée.

20. Août 1648.

Tandis que le Prince de Condé * comptoit ainsi les années de sa jeunesse par des victoires, & que le Duc d'Orleans, frère de Louis XIII, avoit aussi soûtenu la réputation d'un fils de Henri IV. & celle de la France, par la prise de Gravelines, par celle de Courtrai & de Mardik; le Vicomte de Turenne avoit

Juill. 1644. Nov. 1644.

Tome I.   E

o) A quoi l'épitaphe de Mercy, & plus haut les violons de Condé. Cet ouvrage est le siécle de Louis XIV. & non une compilation de bonnes choses ni une réfutation des mauvaises.

p) Il falloit dire; *le reste prit la fuite*. Fuite & desertion ne sont nullement sinonimes.

* *Son père étoit mort en 1646.*

avoit pris Landau; il avoit chassé les Espagnols de Tréves & rétabli l'Electeur.

Nov. 1647. Il gagna avec les Suédois la bataille de Lavingen, celle de Sommerhausen, & contraignit le Duc de Baviére à sortir de ses Etats à l'âge de près de 80. ans. Le Comte

1645. de Harcourt prit Balagnier, & battit les Espagnols. Ils perdirent en Italie Portolon-

1646. gone. Vingt vaisseaux & vingt galéres de France, qui composoient presque toute la marine, rétablie par Richelieu, battirent la Flote Espagnole sur la côte d'Italie.

Ce n'étoit pas tout; les armes Françoises avoient encore envahi la Lorraine sur le Duc Charles IV, Prince guerrier, mais inconstant, imprudent & malheureux, qui se vit à la fois dépouillé de son Etat par la France, & retenu prisonnier par les Espagnols. Les Alliés de la France pressoient la puissance

Mai 1644. Autrichienne au midi & au nord. Le Duc d'Albuquerque, Général des Portugais, gagna contre l'Espagne la bataille de Badajox.

Mars 1645. Torstenson défit les Impériaux près de Tabor, & remporta une victoire complette. Le Prince d'Orange à la tête des Hollandois, pénétra jusques dans le Brabant.

Le Roi d'Espagne, battu de tous côtés, voi-oit le Roussillon & la Catalogne entre les

1647. mains des François. Naples révoltée contre lui, venoit

venoit de se donner au Duc de Guise, dernier Prince de cette branche d'une maison, féconde en hommes illustres & dangereux. Celui-ci qui ne passa que pour un avanturier audacieux, parce qu'il ne réussit pas, avoit eû du moins la gloire d'aborder seul dans une barque au milieu de la flote d'Espagne, & de défendre Naples, sans autre secours que son courage.

A voir tant de malheurs qui fondoient sur la maison d'Autriche, tant de victoires accumulées par les François, & secondées des succès de leurs Alliés, on croiroit que Vienne & Madrid n'attendoient que le moment d'ouvrir leurs portes, & que l'Empereur & le Roi d'Espagne étoient presque sans Etats ; cependant cinq années de gloire à peine traversées par quelques revers, ne produisirent que très-peu d'avantages réels, beaucoup de sang répandu, & nulle révolution. S'il y en eut une à craindre, ce fut pour la France ; elle touchoit à sa ruine au milieu de ces prospérités apparentes. *q)*

E 2 CHA-

q) Voilà l'imagination de l'auteur qui s'enflame. Les troubles de la minorité furent si peu de chose dans leurs principes, si lents dans leurs progrès, qu'on ne sauroit lui passer cette hiperbole. Il est vrai que ce feu promet beaucoup pour le chapitre suivant. Du reste, celui-ci est très bon ; & deux minutes de plus l'auroient fait excellent.

CHAPITRE TROISIEME.

Guerre Civile.

LA Reine Anne d'Autriche, Régente absoluë, avoit fait du Cardinal Mazarin, le Maître de la France, & le fien. Il avoit fur elle cet empire, qu'un homme adroit devoit avoir fur une femme née avec affez de foibleffe pour être dominée, & avec affez de fermeté pour perfifter dans fon choix.

ON lit dans quelques Mémoires de ces tems-là, que la Reine ne donna fa confiance à Mazarin, qu'au défaut de Potier Evêque de Beauvais, qu'elle avoit d'abord choifi pour fon Miniftre. On peint cet Evêque comme un homme incapable: il eft à croire qu'il l'étoit, & que la Reine ne s'en étoit fervie quelque tems que comme d'un fantôme, pour ne pas effaroucher d'abord la nation par le choix d'un fecond Cardinal & d'un étranger. Mais ce qu'il ne faut pas croire, c'eft que Potier eût commencé fon Miniftére paffager par déclarer aux Hollandois: *qu'il falloit qu'ils fe fiffent Catholiques s'ils vouloient demeurer dans l'alliance de la France.* Il auroit donc dû faire la même propofition aux Suédois. Prefque tous les Hiftoriens rapportent

MINORITÉ. 69

portent cette abſurdité, par ce qu'ils l'ont uë dans les Mémoires des Courtiſans & des Frondeurs. Il n'y a que trop de traits dans ces Mémoires, ou falſifiés par la paſſion, ou rapportés ſur des bruits populaires. Le puerile ne doit pas être cité, & l'abſurde ne peut être cru. *a*)

MAZARIN uſa d'abord avec modération de ſa puiſſance. Il faudroit avoir vécu long tems avec un Miniſtre, pour peindre ſon caractére, pour dire quel dégré de courage ou de foibleſſe il avoit dans l'eſprit, à quel point il étoit ou prudent ou fourbe *b*).

Ainſi,

a) Mr. de Voltaire rejette un fait avéré par des témoins oculaires, parce qu'il lui paroit abſurde, & ne fait pas réflexion, que Potier pouvoit fort bien être un homme abſurde; il l'étoit en effet: Plus idiot, dit Retz que tous les idiots enſemble. La déclaration que Potier fit aux Hollandois le revolte, parce qu'il ne conſidere ni le perſonnage qui la fit, ni les circonſtances où étoient les peuples à qui il la fit, ni de la part de qui il la fit. Potier étoit devot; les Hollandois étoient un peuple libre, & non un peuple ſouverain. Anne d'Autriche étoit une ame foible & pieuſe. Il y a aujourdui vingt Evêques en France, qui feroient la propoſition de Potier.

b) Les actions que l'hiſtoire nous tranſmet ne décident-elles pas du caractère? Eſt-il néceſſaire d'avoir vécu familiérement avec Mazarin, pour dire que Mazarin étoit foible, lâche, fourbe,

Ainsi sans vouloir deviner ce qu'étoit Mazarin, on dira seulement ce qu'il fit. Il affecta dans les commencemens de sa grandeur, autant de simplicité que Richelieu avoit déployé de hauteur. Loin de prendre des gardes & de marcher avec un faste roïal, il eut d'abord le train le plus modeste ; il mit de l'affabilité & même de la mollesse par-tout où son prédécesseur avoit fait paroître une fierté inflexible. La Reine vouloit faire aimer sa régence & sa personne, de la cour & des peuples, & elle y réussissoit. Gaston, Duc d'Orléans, frère de Louis XIII, & le Prince de Condé, appuioient son pouvoir, & n'avoient d'émulation que pour servir l'Etat.

IL falloit des impôts pour soûtenir la guerre contre l'Espagne & contre l'Empire; on en établit quelques-uns, bien modérés sans doute en comparaison de ce que nous avons païé depuis, & bien peu suffisans pour les besoins de la Monarchie.

1647. LE Parlement en possession de vérifier les Edits de ces taxes, s'opposa vivement à l'Edit du Tarif; il acquit la confiance des peuples,

fourbe, mal-adroit ? Ne suffit-il pas de savoir que ceux qui se réconcilioient avec lui stipuloient toujours en secret, qu'il leur seroit permis de le mépriser en public.

MINORITÉ. 71

les, par les contradictions dont il fatigua le Ministére.

ENFIN, douze charges de Maîtres des Requêtes nouvellement créées, & environ quatre-vingt-mille écus de gages des compagnies supérieures, retenus, soulevérent toute la robe, & avec la robe tout Paris ; ce qui feroit à peine aujourd'hui dans le roïaume la matiére d'une nouvelle, excita alors une guerre civile c).

BROUSSEL, Conseiller-Clerc de la Grand'-Chambre, homme de nulle capacité, & qui n'avoit d'autre mérite, que d'ouvrir toûjours les avis contre la cour d),

aïant

---

c) Ce que l'auteur dit des causes des guerres civiles est moins d'un historien exact, que d'un homme qui veut attribuer les plus grands événemens aux plus petits principes. Le Cardinal de Retz traite différemment cette matiere.

d) Eh! n'étoit-ce pas un grand mérite, que de s'opposer aux déprédations des Sur-Intendans, & aux entreprises d'un étranger qui vouloit détruire des loix qu'il ne connoissoit pas. Broussel étoit un homme respectable, un homme de bon sens, témoins la probité & la justesse de ses avis contre la cour. Relisez les Mémoires du tems. C'étoit un homme entêté du bien public, ridicule aux yeux de ceux qui ne songeoient qu'à leur bien particulier. Le peuple l'appelloit son protecteur; & une preuve invincible de son mérite, c'est *qu'il avoit blanchi dans la haine des favoris.*

aiant été arrêté, le peuple en montra plus de douleur, que la mort d'un bon Roi n'en a jamais causée. On vit renouveller les barricades de la Ligue ; le feu de la sédition parut allumé dans un instant, & difficile à éteindre ; il fut attisé par la main du Coadjuteur, depuis Cardinal de Retz ; c'est le premier Evêque, qui ait fait une guerre civile sans avoir la Religion pour prétexte. Cet homme singulier s'est peint lui-même dans ses Mémoires, écrits avec un air de grandeur, une impétuosité de génie, & une inégalité, qui sont l'image de sa conduite. C'étoit un homme qui du sein de la débauche, & languissant encore des suites qu'elle entraîne, prêchoit le peuple, & s'en faisoit idolâtrer. Il respiroit la faction & les complots ; il avoit été, à l'âge de 23 ans, l'ame d'une conspiration contre la vie de Richelieu ; il fut l'auteur des barricades ; il précipita le Parlement dans les cabales, & le peuple dans les séditions *e*). Ce qui paroit surprenant, c'est que le Parlement entrainé par lui, leva l'étendart contre la Cour, avant même d'être appuié par aucun Prince.

CETTE Compagnie depuis longtems étoit regardée bien différemment par la Cour

&

---

e) Le parlement s'étoit déjà précipité dans ce que vous appellez cabales, & y entraina Retz.

& par le peuple. *f*) Si l'on en croioit la voix de tous les Ministres & de la Cour, le Parlement de Paris étoit une Cour de Justice, faite pour juger les causes des citoïens : il tenoit cette prérogative de la seule volonté des Rois; il n'avoit sur les autres Parlemens du Roïaume d'autre prééminence que celle de l'ancienneté, & d'un ressort plus considérable; il n'étoit la Cour des Pairs que parce que la Cour résidoit à Paris : il n'avoit pas plus de droit de faire des remontrances que les autres corps, & ce droit étoit encore une pure grace : il avoit succédé à ces Parlemens qui représentoient autrefois la Nation Françoise; mais il n'avoit de ces anciennes Assemblées rien que le seul nom : & pour preuve incontestable, c'est qu'en effet les Etats-Généraux étoient substitués à la place des Assemblées de la Nation; & le Parlement de Paris ne ressembloit pas plus aux Parlemens tenus par nos premiers Rois, qu'un Consul de Smyrne ou d'Alep ne ressemble à un Consul Romain. *g*)

f) Tout ce morceau est l'opinion de notre siècle : nos Peres regarderent le parlement comme le dépositaire des loix, le Substitut des Etats; il n'y avoit qu'un sentiment là-dessus.

g) L'auteur prête ses pensées à des ministres qui vraisemblablement pensoient mieux que lui. Il n'y a rien qui soit plus approchant de nos anciens

CETTE seule erreur de nom étoit le prétexte des prétentions ambitieuses d'une compagnie d'hommes de loi, qui tous, pour avoir achevé leurs offices de robe, pensoient tenir la place des Conquérans des Gaules, & des Seigneurs des Fiefs de la Couronne *h*). Ce corps en tous les tems avoit abusé du pouvoir que s'arroge nécessairement un premier Tribunal, toûjours subsistant dans une Capitale. Il avoit osé donner un Arrêt contre Charles VII. & le bannir du Roïaume; il avoit commencé un procès criminel contre Henri III., il avoit en tous les tems résisté, autant qu'il l'avoit pû, à ses Souverains; & dans cette minorité de Louis XIV., sous le plus doux des gouvernemens, & sous la plus indulgente des Reines, il vouloit faire la guerre

ciens parlemens, plus approchant du senat Romain, qu'une compagnie qui avoit dans son sein Molé, Novion, Bignon, Mesmes, Nesmone, Bellievre, Lamoignon, Talon, de maisons, le Soigneux. Quels noms! quels hommes!

h) Voilà encore les idées de l'auteur. Du moins, puis-je bien assurer que ce ne furent jamais celles du conseil, ni du parlement. Et le conseil pouvoit-il nier, que la cour des pairs ne tint la place des Seigneurs des fiefs? Le parlement pouvoit-il croire, qu'il tiroit ses droits de la vente des charges, vente contre laquelle ils avoient toujours fait des remontrances inutiles.

MINORITÉ. 75

guerre civile à son Prince, à l'exemple de ce Parlement d'Angleterre, qui tenoit alors son Roi prisonnier, & qui lui fit trancher la tête. Tels étoient les discours & les pensées du Cabinet.

Mais les citoiens de Paris, & tout ce qui tenoit à la robe, voioient dans le Parlement un corps auguste, qui avoit rendu la justice avec une intégrité respectable, qui n'aimoit que le bien de l'Etat, & qui l'aimoit au péril de sa fortune, qui bornoit son ambition à la gloire de réprimer l'ambition des favoris, qui marchoit d'un pas égal entre le Roi & le peuple: & sans examiner l'origine de ses droits & de son pouvoir, on lui supposoit les droits les plus sacrés, & le pouvoir le plus incontestable, quand on le voioit soûtenir la cause du peuple contre des Ministres détestés; on l'appelloit *le Pere de l'Etat*, & on faisoit peu de différence entre le droit qui donne la couronne aux Rois, & celui qui donnoit au Parlement le pouvoir de modérer les volontés des Rois.

Entre ces deux extrémités un milieu juste étoit impossible à trouver; car enfin il n'y avoit de loi bien reconnuë, que celle de l'occasion & du tems *i*). Sous un gouverne-

i) La régente avoit ses droits: le parlement avoit les siens, & en avoit d'immenses sous un ministre qui n'en connoissoit point.

vernement vigoureux le Parlement n'étoit rien: il étoit tout fous un Roi foible, & l'on pouvoit lui appliquer ce que dit Monsieur de Guimené, quand cette compagnie se plaignit fous Louis XIII d'avoir été précédée par les Députés de la Noblesse: *Messieurs, vous prendrez bien votre revanche dans la minorité.*

On ne veut point répéter ici tout ce qui a été écrit fur ces troubles, & copier des livres, pour remettre fous les yeux tant de détails alors si chers & si importans, & aujourd'hui presque oubliés: mais on doit dire ce qui caractérise l'esprit de la nation, & moins ce qui appartient à toutes les guerres civiles, que ce qui distingue celle de la Fronde *k*).

Deux pouvoirs établis chez les hommes, uniquement pour le maintien de la paix; un Archevêque & un Parlement de Paris aïant commencé les troubles, le peuple crut tous ses emportemens justifiés. La Reine ne pouvoit paroître en public sans être outragée; on ne l'appelloit que *Dame Anne*;

---

k) Et qui lui dit de le répéter? On voudroit qu'il eut coulé moins rapidement sur les guerres civiles de la minorité. Il n'y a peut-être rien qui caractérise mieux l'esprit de la nation; & il n'est point d'histoire plus utile aux princes & aux sujets.

MINORITÉ. 77

Anne; & si on y ajoutoit quelque titre, c'étoit un opprobre. Le peuple lui reprochoit avec fureur de sacrifier l'Etat à son amitié pour Mazarin; & ce qu'il y avoit de plus insupportable, elle entendoit de tous côtés ces chansons & ces vaudevilles, monumens de plaisanterie & de malignité, qui sembloient devoir éterniser le doute où l'on affectoit d'être de sa vertu. *l*)

ELLE s'enfuit de Paris avec ses Enfans, son Ministre, le Duc d'Orléans, frere de Louis XIII, le grand Condé lui-même, & alla à Saint-Germain; on fut obligé de mettre en gage chez des usuriers les pierreries de la couronne. Le Roi manqua souvent du nécessaire. Les Pages de sa chambre furent congédiés, parce qu'on n'avoit pas de quoi les nourrir. En ce tems-la même la Tante de Louis XIV, fille de Henry le Grand, femme du Roi d'Angleterre, réfugiée à Paris, y étoit réduite aux extrémités de la pauvreté; & sa fille, depuis mariée au frere de Louis XIV, restoit au lit n'aïant pas de quoi se chauffer, sans que le peuple de Paris, enyvré de ses fureurs, fît seulement attention

6. *Janv.* 1649.

aux

―――――――――――――――――――――

l) On dira à Mr. de Voltaire, que cette multitude de petits faits n'est guere précieuse qu'aux petits-esprits, comme il l'avoue lui-même.

aux afflictions de tant de personnes roïales *m*).

La Reine, les larmes aux yeux, pressa le Prince de Condé de servir de protecteur au Roi. Le vainqueur de Rocroi, de Fribourg, de Lens & de Norlingue, ne put démentir tant de services passés: il fut flaté de l'honneur de défendre une Cour qu'il croïoit ingrate, contre la Fronde qui recherchoit son appui. Le Parlement eut donc le grand Condé à combattre, & il ôsa soûtenir la guerre.

Le Prince de Conti, frere du grand Condé, aussi jaloux de son aîné, qu'incapable de l'égaler; le Duc de Longueville, le Duc de Beaufort, le Duc de Bouillon, animés par l'esprit remuant du Coadjuteur *n*) & avides de nouveautés, se flatant d'élever leur grandeur sur les ruines de l'Etat, & de faire servir à leurs desseins particuliers les mouvemens aveugles du Parlement, vinrent lui offrir leurs services. On nomma dans la Grand'-Chambre les Généraux d'une armée qu'on

---

m) Dès qu'on sut la misere de la reine d'Angleterre, le parlement lui envoïa 40000 liv.
  v. les Mem. du Card. de Retz.

n) L'auteur rejette toutes les causes de guerre de la Fronde sur l'esprit remuant de Retz, & tait les justes mécontentemens du Parlement, & le ressentiment du duc de Beaufort, chef des Importans.

qu'on n'avoit pas. Chacun se taxa pour lever des troupes : il y avoit vingt Conseillers pourvus de charges nouvelles, créées par le Cardinal de Richelieu. Leurs confreres, par une petitesse d'esprit dont toute société est susceptible, sembloient poursuivre sur eux la mémoire de Richelieu ; ils les accabloient de dégoûts, & ne les regardoient pas comme membres du Parlement : il fallut qu'ils donnassent chacun 15000. liv. pour les frais de la guerre, & pour acheter la tolérance de leurs confreres.

La Grand'Chambre, les Enquêtes, les Requêtes, la Chambre des Comptes, la Cour des Aides, qui avoient tant crié contre un impôt foible & nécessaire, qui n'alloit pas à cent mille écus, fournirent une somme de près de dix millions de notre monoie d'aujourd'hui, pour la subversion de la patrie. *o*) On leva douze mille hommes par Arrêt du Parlement : chaque porte cochère fournit un homme & un cheval. Cette cavalerie fut appellée *la cavalerie des portes cochéres*. *p*) Le Coadjuteur avoit

---

o) C'est parler comme Mazarin n'osoit parler. L'unique but du parlement étoit la *subversion* de la puissance tirannique d'un ministre, d'un étranger, que la Régente avoit fait *le maître de la France & le sien*.

pq) Effacez sans pitié, & les *Portes cocheres*, &
le

avoit un régiment à lui, qu'on nommoit le Régiment de Corinthe *q*), parce que le Coadjuteur étoit Archévêque titulaire de Corinthe.

Sans les noms, de Roi de France, de Grand Condé, de Capitale du Roïaume, cette guerre de la Fronde eût été aussi ridicule que celle des Barberins; on ne savoit pourquoi on étoit en armes. Le Prince de Condé assiégea cinq-cent mille bourgeois avec huit mille soldats. Les Parisiens sortoient en campagne ornés de plumes & de rubans; leurs évolutions étoient le sujet de plaisanterie des gens du métier. Ils fuïoient dez qu'ils rencontroient deux-cens hommes de l'armée roïale. Tout se tournoit en raillerie; le Régiment de *Corinthe* aïant été battu par un petit parti, on appella cet échec, *la premiére aux Corinthiens.*

Ces vingt Conseillers, qui avoient fourni chacun quinze mille livres, n'eurent d'autres honneurs, que d'être appellés les *quinze-vingt.*

Le Duc de Beaufort, l'idole du peuple & l'instrument dont on se servit pour le soulever, Prince populaire, mais d'un esprit borné,

le regiment de Corinthe, & les Quinze-vingt, & toutes les miseres de cette espece. Ce n'est là que du remplissage. L'auteur abrege les grands faits, & étend les petits.

borné, étoit publiquement l'objet des railleries de la Cour & de la Fronde même. On ne parloit jamais de lui, que sous le nom de Roi des Halles. Les troupes Parisiennes, qui sortoient de Paris & qui revenoient toûjours battuës, étoient reçuës avec des huées & des éclats de rire. On ne réparoit tous ces petits échecs que par des couplets & des épigrammes. Les cabarets, & les autres maisons de débauche, étoient les tentes où l'on tenoit les conseils de guerre, au milieu des plaisanteries, des chansons, & de la gaieté la plus dissoluë. La licence étoit si effrenée, qu'une nuit les principaux Officiers de la Fronde, aïant rencontré le Saint-Sacrement qu'on portoit dans les ruës à un homme qu'on soupçonnoit d'être Mazarin, reconduisirent les Prêtres à coups de plat-d'épée.

Enfin on vit le Coadjuteur, Archévêque de Paris, venir prendre séance au Parlement avec un poignard dans sa poche, dont on appercevoit la poignée, & on crioit : *voilà le Bréviaire de notre Archévêque.*

Au milieu de tous ces troubles, la Noblesse s'assembla en corps aux Augustins, nomma des Syndics, tint publiquement des séances réglées. On eût crû que c'étoit pour réformer l'Etat, & pour assembler les Etats-Géné-

Généraux. C'étoit uniquement pour un tabouret, que la Reine avoit accordé à Madame de Pons r); peut-être n'y a-t-il jamais eû une preuve plus sensible de la legereté des esprits qu'on reprochoit alors aux François.

Les discordes civiles, qui désoloient l'Angleterre précisément en même-tems, servent bien à faire voir les caractères des deux nations. Les Anglois avoient mis dans leurs troubles civils, un acharnement mélancolique & une fureur raisonnée: ils donnoient de sanglantes batailles; le fer décidoit tout; les échaffauts étoient dressés pour les vaincus; leur Roi pris en combattant fût amené devant une Cour de Justice, interrogé sur l'abus qu'on lui reprochoit d'avoir fait de son pouvoir, condamné à perdre la tête, & exécuté devant tout son peuple, avec autant d'ordre & avec les mêmes formalités de justice, que si on avoit condamné un citoïen criminel,

r) L'auteur se méprend, c'est pour le tabouret accordé à Me. de Flex, de la maison de Foix, à la priere de Me. de Seneccy, à qui le cardinal étoit redevable de l'éducation de ses nieces. De cette assemblée de la noblesse, il conclut que la nation est prodigieusement legere, & ne voit pas que c'étoit un tems de trouble, un tems qui sembloit propre à tous les ordres de l'état, qui étouffez par Richelieu tendoient à reprendre une nouvelle vie.

MINORITÉ. 83

criminel, sans que dans le cours de ces troubles horribles, Londres se fût ressenti un moment des calmités attachées aux guerres civiles.

Les François au contraire se précipitoient dans les séditions, par caprice & en riant; les femmes étoient à la tête des factions, l'amour faisoit & rompoit les cabales. La Duchesse de Longueville engagea Turenne, à peine Maréchal de France, à faire révolter l'armée qu'il commandoit pour le Roi. Turenne n'y réussit pas: il quitta en fugitif l'armée dont il étoit Général, pour plaire à une femme qui se moquoit de sa passion: il devint de Général du Roi de France, Lieutenant de Dom Estevan de Gamarre, avec lequel il fut battu à Retel par les troupes roiales. On connoit ce billet du Maréchal d'Hoquincourt à la Duchesse de Montbazon, *Peronne est à la belle des belles.* On sait ces Vers du Duc de la Rochefoucault pour la Duchesse de Longueville, lorsqu'il reçut au combat de Saint-Antoine un coup de mousquet, qui lui fit perdre quelque-tems la vue: s)

1649.

Pour mériter son cœur, pour plaire à ses beaux yeux;

J'ai

―――――――
s) Si on les sait, pourquoi les placer ici? *Non erat hic locus.*

J'ai fait la guerre aux Rois ; je l'aurois faite aux Dieux. t)

La guerre finit & recommença à plusieurs reprises ; il n'y eut personne qui ne changeât souvent de parti. *n)* Le Prince de Condé, aiant ramené dans Paris la Cour triomphante, se livra au plaisir de la mépriser après l'avoir défenduë ; & ne trouvant pas qu'on lui donnât des récompenses proportionnées à sa gloire & à ses services, il fut le premier à tourner Mazarin en ridicule, à braver la Reine, & à insulter le Gouvernement qu'il dédaignoit. Il écrivit, à ce qu'on prétend, au Cardinal, *à l'Illustrissimo Signor Faquino*. Il lui dit un jour, *Adieu Mars*, il encouragea un Marquis de Jarsai à faire une déclaration d'amour à la Reine *x)*, & trouva mauvais qu'elle ôsât s'en offenser. *y)* Il se ligua avec le Prince de Conti son frere, & le Duc

t) Pourquoi altérer ces deux vers de la Rochefoucault ? les voici :

Fesant la guerre au roi, j'ai perdu les deux yeux :

Pour plaire à mon Iris, je l'aurois faite aux Dieux.

u) Où l'auteur a t'il pris cela ? Pourquoi offenser ceux qui ne changerent point ? & il y en eut tant !

x) Ce fait est problématique.

y) Il obligea Mazarin à forcer la reine à pardonner au marquis de Gerzey.

Duc de Longueville, qui abandonnérent le parti de la Fronde. On avoit appellé la cabale du Duc de Beaufort au commencement de la Régence, celle des Importans; on appelloit celle de Condé, le parti des Petits-Maîtres parce qu'ils vouloient être les Maîtres de l'Etat. z) Il n'est resté de tous ces troubles d'autres traces que ce nom de Petit-Maître a), qu'on applique aujourd'hui à la jeunesse avantageuse & mal élevée b), & le nom de Frondeurs qu'on donne aux censeurs du gouvernement.

LE Coadjuteur, qui s'étoit déclaré l'implacable ennemi du Ministére, se réunit secrette-

z) Point du tout. C'étoit, parce que le prince de Condé, au retour de ses campagnes, paroissoit à la cour en maître, fesoit trembler la regente, & palir Mazarin, se fesoit escorter de ses favoris & de ses principaux officiers qui le copioient.

a) Ce nom datte de plus loin. Il faut, pour en trouver l'origine, remonter jusqu'à Henri III. on le donna pour la premiere fois à saint Mégrin, Joyeuse, d'Epernon.
Jeunes voluptueux, qui régnoient sous son nom.

b) L'auteur se trompe encore; il faut que les petits-maîtres lui portent malheur. On donne plus souvent ce nom à la jeunesse qui a reçu la meilleure éducation, mais qui en gâte les principes par l'affectation, l'étourderie, & la vanité.

crettement avec la Cour, pour avoir un chapeau de Cardinal, & il sacrifia le Prince de Condé au ressentiment du Ministre. Enfin, ce Prince, qui avoit défendu l'Etat contre les ennemis, & la Cour contre les révoltés; Condé au comble de la gloire, s'étant toûjours conduit en héros; & jamais en homme habile *c*), se vit arrêté prisonnier avec le Prince de Conti & le Duc de Longueville. Il eût pû gouverner l'Etat, s'il avoit seulement voulu plaire; mais il se contentoit d'être admiré. Le peuple de Paris, qui avoit fait des barricades pour un Conseiller-Clerc presque imbécile, fit des feux de joie lorsqu'on mena au Donjon de Vincennes le défenseur & le héros de la France.

le 18. Janv. 1650.

UN an après, ces mêmes Frondeurs qui avoient vendu le grand Condé & les Princes à la vengeance timide de Mazarin, forcèrent la Reine à ouvrir leurs prisons & à chasser du roiaume son Premier Ministre. Condé revint aux acclamations de ce même peuple, qui l'avoit tant haï. Sa présence renouvella les cabales & les dissensions.

LE Roiaume resta dans cette combustion encore quelques années. Le Gouvernement

ne

---

c) On diroit que l'auteur n'a jamais lu les Mémoirs du tems.

MINORITÉ. 87

ne prit jamais que des conseils foibles & incertains: il sembloit devoir succomber: mais les révoltés furent toûjours désunis, & c'est ce qui sauva *d*) la Cour *e*). Le Coadjuteur, tantôt ennemi du Prince de Condé, suscita contre lui une partie du Parlement & du peuple; il osa en même-tems servir la Reine en tenant tête à ce Prince, & l'outrager en la forçant d'éloigner le Cardinal Mazarin, qui se retira à Cologne. La Reine, par une contradiction trop ordinaire aux gouvernemens foibles, fut obligée de recevoir à la fois ses services & ses offenses, & de nommer au Cardinalat ce même Coadjuteur, l'auteur des barricades, qui avoit contraint la famille roïale à sortir de la Capitale & à l'assiéger.

CHA-

d) Ce qui sauva la cour fut le dessein constant qu'eurent les revoltés de ne pas la perdre.

e) L'auteur, suivant ses principes, devoit dire, l'état.

CHAPITRE QUATRIEME.

Suite de la guerre civile, jusqu'à la fin de la rébellion en 1654.

ENFIN Condé se résolut à une guerre, qu'il eût dû commencer du tems de la Fronde, s'il avoit voulu être le Maître de l'Etat, ou qu'il n'auroit dû jamais faire, s'il avoit été citoïen. Il part de Paris; il va soulever la Guienne, le Poitou & l'Anjou, & mendier contre la France le secours des Espagnols, dont il avoit été le fléau le plus terrible.

Rien ne marque mieux la manie de ce tems, & le déréglement qui déterminoit toutes les démarches, que ce qui arriva alors à ce Prince. On lui envoïa un courier de Paris, avec des propositions qui devoient l'engager au retour & à la paix. Le courier se trompa; & au lieu d'aller à Angerville, où étoit le Prince, il alla à *Augerville*. La lettre vint trop tard. Condé dit que s'il l'avoit reçuë plûtôt, il auroit accepté les propositions de paix, mais puisqu'il étoit déja assez loin de Paris, ce n'étoit pas la peine d'y retourner *a*) Ainsi l'équivoque d'un courier

a) Cette historiette est petite, & d'un homme qui

...ier, & le pur caprice de ce Prince, replongea la France dans la guerre civile.

ALORS le Cardinal Mazarin, qui du fond de son exil à Cologne avoit gouverné la Cour, rentra dans le Roiaume, moins en Ministre qui revenoit reprendre son poste, qu'en Souverain qui se remettoit en possession de ses Etats; il étoit conduit par une petite armée de sept mille hommes levés à ses dépens; c'est-à-dire, avec l'argent du roiaume, qu'il s'étoit approprié. *Déc. 1651.*

ON fait dire au Roi dans une Déclaration de ce tems-là, que le Cardinal avoit en effet levé ces troupes de son argent; ce qui doit confondre l'opinion de ceux qui ont écrit, qu'à sa premiére sortie du roiaume, Mazarin s'étoit trouvé dans l'indigence. Il donna le commandement de sa petite armée au Maréchal d'Hoquincourt. Tous les Officiers portoient des écharpes vertes; c'étoit la couleur des livrées du Cardinal. Chaque parti avoit alors son écharpe. La blanche étoit celle du Roi; l'Isabelle, celle du Prince de Condé. Il étoit étonnant que le Cardinal Mazarin, qui avoit jusques alors affecté tant de modestie, eût la hardiesse de faire porter ses livrées à une armée, comme s'il avoit un parti différent de celui de son Maître;

qui veut absolument que des riens aient produit les plus grandes choses.

tre; mais il ne put résister à cette vanité. Le Reine l'approuva. Le Roi, déjà majeur, & son frere, vinrent au-devant de lui.

Aux premiéres nouvelles de son retour, Gaston d'Orléans, frere de Louis XIII., qui avoit demandé l'éloignement du Cardinal, leva des troupes dans Paris, sans trop savoir à quoi elles seroient emploiées. Le Parlement renouvella ses Arrêts; il proscrivit Mazarin, & mit sa tête à prix. Il fallut chercher dans les regiftres, quel étoit le prix d'une tête ennemie du Roiaume. On trouva que sous Charles IX., on avoit promis par Arrêt cinquante-mille écus à celui qui présenteroit l'Amiral Coligni mort ou vif. On crut très-sérieusement procéder en regle, en mettant ce même prix à l'assassinat d'un Cardinal Premier Ministre. Cette proscription ne donna à personne la tentation de mériter les cinquante-mille écus, qui après tout n'eussent point été païés. Chez une autre nation & dans un autre tems, un tel Arrêt eût trouvé des exécuteurs; mais il ne servit qu'à faire de nouvelles plaisanteries. Les Blots & les Marigny, Beaux Esprits qui portoient la gaieté dans les tumultes de ces troubles *b*), firent afficher dans Paris une

répar-

---

b) *Les tumultes de ces troubles.* Corrigez cette négligence.

répartition de cent cinquante mille livres ; tant, pour qui couperoit le nez au Cardinal; tant, pour une oreille ; tant, pour un œil ; tant, pour le faire eunuque. Ce ridicule fut tout l'effet de la proscription. Le Cardinal de son côté, n'emploïoit contre ses ennemis, ni le poison, ni l'assassinat ; & malgré l'aigreur & la manie de tant de paris & de tant de haines, on ne commit pas beaucoup de grands crimes. Les chefs de parti furent peu cruels, & les peuples peu furieux ; car ce n'étoit pas une guerre de religion.

L'Esprit de vertige qui regnoit en ce *Dec.* tems, posséda si bien tout le corps du Par- 1651. lement de Paris, qu'après avoir solennellement ordonné un assassinat dont on se moquoit, il rendit un Arrêt, par lequel plusieurs Conseillers devoient se transporter sur la frontiére, pour informer *c*) contre l'armée du Cardinal Mazarin ; c'est-à-dire, contre l'Armée Roïale. *d*) Deux

c) Le terme *informer* ne rend pas le parlement ridicule, mais il jette du froid & du ridicule sur votre réflexion.

d) Une armée soudoiée par un étranger, portant l'uniforme d'un homme proscrit juridiquement n'étoit point une *armée roïale* pour le Parlement. Ce ne fut point *par un esprit de vertige*, que cette Compagnie procéda contre cette armée, qu'elle ne pouvoit considérer que comme une armée de parti bleu : ce fut

DEUX Conseillers furent assez imprudens, pour aller avec quelques païsans, faire rompre les ponts par où le Cardininal devoit passer: ils furent faits prisonniers par les troupes du Roi, relâchés avec indulgence, & moqués de tous les partis.

PRÉCISEMENT dans le tems que cette compagnie s'abandonnoit à ces extrémités contre le Ministre du Roi, elle déclaroit criminel de leze-majesté le Prince de Condé; qui n'étoit armé que contre ce Ministre; & par un renversement d'esprit, que toutes les démarches précédentes rendent croïable, elle ordonna que les nouvelles troupes de Gaston Duc d'Orléans marcheroient contre Mazarin; & elle défendit en même-tems qu'on prît aucuns deniers dans les recettes publiques pour les soudoïer. *e*)

ON

par un esprit de sagesse, d'ordre, de bien public.

e) L'auteur blame la conduite la plus sage que le parlement ait tenue. Qu'il se place dans les circonstances. Mazarin étoit proscrit, & la cour avoit approuvé sa proscription, Cependant Mazarin rentroit dans le roiaume à la tête d'une armée comme dans un païs de conquête. Le Roi étoit majeur, le duc d'Orleans n'étoit plus lieutenant général du roiaume; cependant le duc d'Orléans avoit des troupes levées par ses ordres particuliers: d'un autre côté Condé, au lieu de s'unir avec le parlement

ON ne pouvoit attendre autre chose d'une compagnie de magistrats, qui jettée hors de sa sphere, & ne connoissant ni ses droits, ni son pouvoir réel, ni les affaires politiques, ni la

ment pour chasser à force de conseils & de prieres l'ennemi de la patrie, soulevoit les provinces, vengeoit ses affronts particuliers, traitoit avec les Espagnols. Que fit le parlement dans ces circonstances infiniment épineuses ? Il déclara traître à la patrie le prince de Condé sur ce qu'il se servoit du pretexte de Mazarin pour faire la guerre à son Roi; & il ordonna en même tems, que le Duc d'Orléans marcheroit contre Mazarin, parce que ses troupes étoient à l'état, & que c'étoient à elles à defendre l'entrée du roïaume à l'ennemi de l'état. Mazarin ne pouvoit être consideré que sous ce point de vue, revenant avec une armée qui lui apartenoit en toute propriété. Ramenez les mêmes conjonctures; vous reverrez les mêmes arrêts. Qu'on apprenne à Paris, que Chauvelin s'avance avec une armée de huit mille hommes, levée de ses deniers, vetue de ses livrées: on aura beau dire publiquement, qu'une femme en place l'a rappellé, & se dire à l'oreille que le Roi n'en est pas fâché, le parlement ne procédera pas avec moins de chaleur contre cet ennemi public, de même que contre ceux qui voudroient se servir du prétexte de la protection tacite que le Roi accorde au ministre pour engager les peuples dans une guerre civile. Il est vrai que l'autorité du Roi majeur ne fut peut-être

pas

ni la guerre, s'assemblant & décidant en tumulte, prenoit des partis auxquels elle n'avoit pas pensé le jour d'auparavant, & dont elle-même s'étonnoit ensuite.

Le Parlement de Bordeaux servoit alors le Prince de Condé; mais il tint une conduite plus uniforme, parce qu'étant plus éloigné de la Cour, il étoit moins agité par des factions opposées.

Mais des objets plus considérables intéressoient toute la France.

Condé, ligué avec les Espagnols, étoit en campagne contre le Roi; & Turenne aiant quitté ces mêmes Espagnols, avec lesquels il avoit été battu à Rétel, venoit de faire sa paix avec la Cour, & commandoit l'armée roiale. L'épuisement des finances ne

pas assez ménagée par le parlement. Mais du moins le fut-elle, autant que les circonstances pouvoient le permettre. Dans le fonds, toutes les demarches du parlement ne tendoient qu'à conserver à un Roi enfant, quoique majeur tout le réel de l'autorité, quoiqu'il y en eut quelques unes qui lui en ôtassent l'exercice. Enfin, si l'autorité roiale ne fut pas assez respectée, c'est la faute du tems & de l'occasion. Je dirai de la puissance souveraine ce que Montesquieu dit si bien de la liberté: ʺil est des cas où il faut mettre pour un moʺ ment un voile sur la liberté, comme l'on ʺ cache les statues des Dieux.

ne permettoit ni à l'un ni à l'autre des deux partis, d'avoir de grandes armées: mais de petites ne decidoient pas moins du fort de l'Etat. Il y a des tems où cent-mille hommes en campagne peuvent à peine prendre deux villes: il y en a d'autres où une bataille entre sept ou huit-mille hommes peut renverser un trône ou l'affermir.

LOUIS XIV, élevé dans l'adversité, alloit avec sa Mère, son Frere, & le Cardinal Mazarin, de province en province, n'aiant pas autant de troupes autour de sa personne, à beaucoup-près, qu'il en eut depuis en tems de paix pour sa seule garde. Cinq à six-mille hommes, les uns envoiés d'Espagne, les autres levés par les partisans du Prince de Condé, le poursuivoient au cœur de son roïaume.

LE Prince de Condé couroit cependant de Bordeaux à Montauban, prenoit des villes, & grossissoit par-tout son parti.

TOUTE l'espérance de la cour étoit dans le Maréchal de Turenne. L'Armée Roiale se trouva auprès de Gien sur la Loire. Celle du Prince de Condé étoit à quelques lieuës sous les ordres du Duc de Nemours & du Duc de Beaufort. Les divisions de ces deux Généraux alloient être funestes au parti du Prince. Le Duc de Beaufort étoit incapable

ble du moindre commandement. Le Duc de Nemours paſſoit pour être plus brave & plus aimable qu'habile. Tous deux enſemble ruinoient leur armée. Les ſoldats ſavoient que le grand Condé étoit à cent lieuës de-là & le croïoient perdus; lorſqu'au milieu de la nuit un courier ſe préſenta dans la forêt d'Orleans devant les grandes gardes. Les ſentinelles reconnurent dans ce courier le Prince de Condé lui-même, qui venoit d'Agen à travers mille avantures, & toûjours déguiſé, ſe mettre à la tête de ſon armée.

SA préſence faiſoit beaucoup; & cette arrivée imprévuë encore davantage. Il ſavoit que tout ce qui eſt ſoudain & inéſpéré, tranſporte les hommes. Il profita à l'inſtant de la confiance & de l'audace qu'il venoit d'inſpirer. Le grand talent de ce Prince dans la guerre étoit de prendre en un inſtant les réſolutions les plus hardies, & de les exécuter avec non moins de prudence que de promptitude.

Avril 1652. L'ARMÉE Roïale étoit ſéparée en deux corps. Condé fondit ſur celui qui étoit à Blenau, commandé par le Maréchal d'Hoquincourt; & ce corps fut diſſipé en mêmetems qu'attaqué: Turenne n'en put être averti. Le Cardinal Mazarin, effraié, courut à Gien au milieu de la nuit, réveiller le
Roi

MINORITÉ. 97

Roi qui dormoit, pour lui apprendre cette nouvelle. Sa petite cour fut consternée; *f)* on proposa de sauver le Roi par la fuite, & de le conduire secrettement à Bourges. Le Prince de Condé victorieux, approchoit de Gien; la désolation & la crainte augmentoient. Turenne par sa fermeté rassura les esprits, & sauva la Cour par son habileté: il fit, avec le peu qui lui restoit de troupes, des mouvemens si heureux, profita si bien du terrein & du tems, qu'il empêcha Condé de poursuivre son avantage. Il fut difficile alors de décider, lequel avoit acquis plus d'honneur, ou de Condé victorieux, ou de Turenne, qui lui avoit arraché le prix de sa victoire. Il est vrai que dans ce combat de Blenau, si longtems célèbre en France, il n'y avoit pas eû quatre-cens hommes de tués; mais le Prince de Condé n'en fut pas moins sur le point de se rendre maître de toute la famille roïale, & d'avoir entre ses mains son ennemi, le Cardinal Mazarin. On ne pouvoit guéres voir un plus petit combat, de plus grands intérêts & un danger plus pressant.

CONDÉ, qui ne se flatoit pas de surprendre Turenne, comme il avoit surpris

Tome I. G *d'Ho-*

---

f) Louis XIV n'eut jamais une cour plus nombreuse: La Cour d'un prince engagé dans une guerre civile l'est toujours.

d'Hoquincourt, fit marcher son armée vers Paris: il se hâta d'aller dans cette ville jouir de sa gloire, & des dispositions favorables d'un peuple aveugle. L'admiration qu'on avoit pour ce dernier combat, dont on exagéroit encore toutes les circonstances, la haine qu'on portoit à Mazarin, le nom & la présence du grand Condé, sembloient d'abord le rendre Maître absolu de la Capitale. Mais dans le fond, tous les esprits étoient divisés; chaque parti étoit subdivisé en factions, comme il arrive dans tous les troubles. Le Coadjuteur devenu Cardinal de Retz, raccommodé en apparence avec la cour, qui le craignoit & dont il se défioit, n'étoit plus le maître du peuple, & ne jouoit plus le Principal rôle. Il gouvernoit le Duc d'Orléans, & étoit opposé à Condé. Le Parlement flotoit entre la Cour, le Duc d'Orléans, & le Prince, quoique tout le monde s'accordât à crier contre Mazarin; chacun ménageoit en secret des intérêts particuliers; le peuple étoit une mer orageuse, dont les vagues étoient poussées au hazard par tant de vents contraires. On fit promener dans Paris la châsse de Sainte Géneviéve, pour obtenir l'expulsion du Cardinal Ministre; & la populace ne douta pas que cette Sainte n'opérât ce miracle, comme elle donne de la pluie.

ON

ON ne voioit que négociations entre les chefs des partis, députations du Parlement, assemblées de chambres, séditions dans la populace, gens de guerre dans la campagne. On montoit la garde à la porte des monastères. Le Prince avoit appellé les Espagnols à son secours. Charles IV, ce Duc de Lorraine chassé de ses Etats, & à qui il restoit pour tous biens une armée de huit-mille hommes, qu'il vendoit tous les ans au Roi d'Espagne, vint auprès de Paris, avec cette armée. Le Cardinal Mazarin lui offrit plus d'argent pour s'en retourner, que le Prince de Condé ne lui en avoit donné pour venir. Le Duc de Lorraine quitta bientôt la France après l'avoir désolée sur son passage, emportant l'argent des deux partis g).

CONDÉ resta donc dans Paris, avec un pouvoir qui diminua tous les jours, & une armée plus foible encore. Turenne mena le Roi & sa cour vers Paris. Le Roi, à l'âge de quinze ans, vit de la hauteur de Charonne la bataille de Saint-Antoine, où ces deux Généraux firent avec si peu de troupes de si grandes choses, que la réputation de l'un & de l'autre, qui sembloit ne pouvoir plus croître, en fut augmentée.

g) Ce trait est très plaisant & très faux. Mazarin donna de l'argent au Duc de Lorraine, à qui

LE Prince de Condé avec un petit nombre de Seigneurs de son parti, suivi de peu de soldats, soûtint & repoussa l'effort de l'armée roïale. Le Roi regardoit ce combat du haut d'une éminence avec Mazarin. Le Duc de l'Orléans, incertain du parti qu'il devoit prendre, restoit dans son palais du Luxembourg. Le Cardinal de Retz étoit cantonné dans son Archévêché. Le Parlement attendoit l'issuë de la bataille, pour donner quelque Arrêt. Le peuple, qui craignoit alors également, & les troupes du Roi & celles de Monsieur le Prince, avoit fermé les portes de la ville, & ne laissoit plus entrer ni sortir personne, pendant que ce qu'il y avoit de plus grand en France, s'acharnoit au combat & versoit son sang dans le Fauxbourg. Ce fut là que le Duc de la Rochefoucault, si illustre par son courage & par son esprit reçut un coup au dessous des yeux, qui lui fit perdre la vuë pour quelque-tems. On ne voïoit que jeunes Seigneurs tués ou blessés, qu'on rapportoit à la porte Saint-Antoine; qui ne s'ouvroit point,

Juil.
1652.

ENFIN Mademoiselle, fille de Gaston, prenant le parti de Condé, que son pere n'osa secourir, fit ouvrir les portes aux blessés,

qui Condé n'avoit donné que des espérances, parce qu'il ne pouvoit lui donner autre chose

és, & eut la hardiesse de faire tirer sur les troupes du Roi le canon de la Bastille. L'armée roiale se retira: Condé n'acquit que de la gloire; mais Mademoiselle se perdit pour jamais dans l'esprit du Roi son cousin par cette action violente; & le Cardinal Mazarin, qui savoit l'extrême envie qu'avoit Mademoiselle d'épouser une tête couronnée, dit alors: *ce canon-là vient de tuer son mari.* h)

La plûpart de nos Historiens n'étalent à leurs lecteurs que ces combats & ces prodiges de courage & de politique; mais qui sauroit quels ressorts honteux il falloit faire jouer, dans quelles misères on étoit obligé de plonger les peuples, & à quelles bassesses on étoit réduit, verroit la gloire des héros de ce tems-là avec plus de pitié que d'admiration. On en peut juger par les seuls traits que rapporte Gourville, homme attaché à Monsieur le Prince. Il avouë que lui-même, pour lui procurer de l'argent, vola celui d'une recette, & qu'il alla prendre dans son logis un directeur des postes, à qui il fit païer une rançon; & il rapporte ces violences comme des choses ordinaires.

---

h) J'ai oüi dire à quelqu'un qui ne quitta pas Mazarin durant toute l'action, que ce ministre n'avoit rien dit de semblable, & que ce fut l'ardes qui quelques années après dît ce bon-mot.

APRÈS le sanglant & inutile combat de Saint-Antoine, le Roi ne put rentrer dans Paris, & le Prince n'y put demeurer long-tems. Une émotion populaire, & le meurtre de plusieurs citoiens dont on le crut l'auteur, le rendirent odieux au peuple. Cependant il avoit encore sa brigue au Parlement. Ce Corps, peu intimidé alors par une Cour errante, & chassée en quelque façon de la Capitale, pressée par les cabales du Duc d'Orléans & du Prince, déclara par un Arrêt le Duc d'Orléans Lieutenant-Général du Roïaume, quoique le Roi fut majeur: c'étoit le même titre qu'on avoit donné au Duc de Maienne du tems de la Ligue. Le Prince de Condé fut nommé Généralissime des armées. La Cour irritée ordonna au Parlement de se transférer à Pontoise; quelques Conseillers obéirent. On vit ainsi deux Parlemens, qui se contestoient l'un à l'autre leur autorité, qui donnoient des Arrêts contraires, & qui par-là se seroient rendus le mépris du peuple, s'ils ne s'étoient toûjours accordés à demander l'expulsion de Mazarin; tant la haine contre ce Ministre sembloit alors le devoir essentiel d'un François.

22. *Juill.* 1652.

IL ne se trouva dans ce tems aucun parti qui ne fût foible; celui de la Cour l'étoit autant que les autres; l'argent & les forces

...es manquoient à tous; les factions se multiplioient; les combats n'avoient produit de chaque côté que des pertes & des regrets. La Cour se vit obligée de sacrifier encore Mazarin, que tout le monde appelloit la cause des troubles, & qui n'en étoit que le prétexte. Il sortit une seconde fois du roïaume; pour surcroit de honte, il fallut que le Roi donnat une Déclaration publique, par laquelle il renvoioit son Ministre, en vantant ses services, & en se plaignant de son exil.

12.
Aout
1652.

CHARLES Premier, Roi d'Angleterre, venoit de perdre la tête sur un échafaut, pour avoir dans le commencement des troubles, abandonné le sang de Strafford son ami, à son Parlement, Louis XIV., au contraire, devint le Maître paisible de son Roïaume en souffrant l'exil de Mazarin. Ainsi les mêmes foiblesses eurent des succès bien différens. Le Roi d'Angleterre, en abandonnant son favori, enhardit un peuple qui respiroit la guerre & qui haïssoit les Rois; & Louis XIV (ou plûtôt la Reine Mere) en renvoïant le Cardinal, ôta tout prétexte de révolte à un peuple las de la guerre, & qui aimoit la roïauté.

LE Cardinal à peine parti pour aller à Bouillon, lieu de sa nouvelle retraite; les citoïens de Paris, de leur seul mouvement, députérent au Roi pour le supplier de revenir dans sa Capitale. Il y rentra; & tout y fut si paisible, qu'il eût été difficile d'imaginer que quelques jours auparavant tout avoit été dans la confusion. Gaston d'Orléans, malheureux dans ses entreprises qu'il ne sut jamais soûtenir, fut relegué à Blois, *i*) où il passa le reste de sa vie dans le repentir; & il fut le deuxiéme fils de Henri le Grand, qui mourut sans beaucoup de gloire. Le Cardinal de Retz, peut-être aussi imprudent que sublime & audacieux, fut arrêté dans le Louvre; & après avoir été conduit de prison en prison, il mena long-tems une vie errante qu'il finit enfin dans la retraite, où il acquit des vertus que son grand courage n'avoit pû connoitre dans les agitations de sa fortune. *k*)

QUELQUES Conseillers, qui avoient le plus abusé de leur ministére payérent leurs démarches par l'exil *l*): les autres se renfermérent

i) Il s'y rélégua lui-même, pour pleurer ses fautes & ses malheurs.

k) Voiez les Mémoires de Joli, conseiller au châtelet; & vous jugerez ce qu'on doit penser du *grand courage* de Mr. le Cardinal de Retz. Il étoit trop indolent pour un chef de parti.

l) *Payerent leurs demarches par l'exil*: phrase d'un auteur qui écrit en Hollande.

mérent dans les bornes de la magistrature, & quelques-uns s'attachérent à leur devoir par une gratification annuelle de cinq cens écus, que Fouquet, Procureur-Général & & Surintendant des Finances, leur fit donner sous main.*

Le Prince de Condé cependant abandonné en France de presque tous ses partisans & mal secouru des Espagnols, continuoit sur les frontiéres de la Champagne une guerre malheureuse. il étoit encore des factions dans Bordeaux, mais elles furent bientôt appaisées.

Ce calme du roïaume étoit l'effet du bannissement du Cardinal Mazarin; cependant à peine fut-il chassé par le cri général des François, & par une déclaration du Roi, que le Roi le fit revenir. Il fut étonné de rentrer dans Paris, tout-puissant & tranquile. Louis XIV. le reçut comme un pere, & le peuple comme un maître. On lui fit un festin à l'Hôtel-de-Ville, au milieu des acclamations des citoïens: il jetta de l'argent à la populace; mais on dit que dans la joie d'un si heureux changement, il marqua du mépris pour notre inconstance. Le Parlement, après avoir mis sa tête à prix, comme celle d'un voleur public, le complimenta

Mars 1653.

* *Memoires de Gourville.*

menta par Députés; & ce même Parlement peu de temps après condamna par contumace le Prince de Condé à perdre la vie, changement ordinaire dans de pareils tems, & d'autant plus humiliant, que l'on condamnoit par des Arrêts celui dont on avoit si long-tems partagé les fautes.

27. Mars 1653.

On vit le Cardinal, qui pressoit cette condamnation de Condé, marier au Prince de Conti son frere l'une de ses niéces; preuve que le pouvoir de ce Ministre alloit être sans bornes. *m*)

CHA-

m) Les deux chapitres sur les guerres civiles ont le grand défaut de ne pas marquer assez précisément la cause des mauvais partis qu'on prenoit. C'est le défaut d'un stile vif & serré, quand il sert à décrire des choses longues & des entreprises lentes. L'auteur court à perte d'haleine sur des matieres d'un détail & d'un intérêt infini. C'est ma remarque, & celle d'un de mes amis est, qu'il ressemble à un comedien, qui voudroit absolument par la force de son ton faire une farce de la tragédie la plus sanglante.

CHAPITRE CINQUIEME.

Etat de la France, jusqu'à la mort du Cardinal Mazarin en 1661.

PENDANT que l'Etat avoit été ainsi déchiré au-dedans, Il avoit été attaqué & affoibli au-dehors. Tout le fruit des batailles de Rocroi, de Lens & de Norlingue fut perdu. La place importante de Dunkerque fut reprise par les Espagnols : ils chassérent les François de Barcelone ; ils reprirent Casal en Italie. Cependant, malgré les tumultes d'une guerre civile, & le poids d'une guerre étrangère, Mazarin avoit été assez heureux pour conclure cette célébre Paix de Westphalie *a*), par laquelle l'Empereur & l'Empire vendirent au Roi & à la couronne de France, la souveraineté de l'Alsace, pour trois millions de livres païables à l'Archiduc : c'est-à-dire, pour six millions d'aujourd'hui. Par ce traité, devenu pour l'avenir la base de tous les traités, un nouvel Electorat fut créé pour la maison de Baviére. Les droits de tous les Princes & des Villes Imperiales

1651.

1648.

les

---

a) L'auteur auroit bien dû dire quelque chose de l'art de négocier, dont Mazarin qui y excelloit, posa les fondemens.

les Privileges des moindres Gentils-hommes Allemans furent confirmés. Le pouvoir de l'Empereur fut restraint dans des bornes étroites *b*), & les François joints aux Suédois devinrent législateurs de l'Allemagne. *c*) Cette gloire de la France étoit au moins en partie duë aux armes de la Suéde; Gustave Adolphe avoit commencé d'ébranler l'Empire. Ses Généraux avoient encor poussé assez loin leurs conquêtes sous le gouvernement de sa fille Christine. Son Général Wrangel étoit prêt d'entrer en Autriche. Le Comte de Königsmark étoit maître de la moitié de la ville de Prague, & assiégeoit l'autre, lorsque cette paix fut concluë. Pour accabler ainsi l'Empereur, il n'en coûta guéres à la France qu'un million par an donné aux Suédois. *d*)

Aussi la Suéde obtint par ces traités de plus grands avantages que la France; elle eut la Poméranie, beaucoup de places, & de l'argent.

b) Par quel article?
c) *Législateurs*; je crois qu'il vaudroit mieux, *les Législateurs*.
d) 1. Il en couta trois millions par an donnez au Duc Bernard de Saxe-Weymar. 2. En ce tems-là un capitaine Autrichien ou Suedois servoit à ses dépens, vivoit de butin, ou n'avoit que 200 liv. de gages. Un million d'alors en fesoit plus de six d'aujourdui. Pourquoi crier toujours au miracle.

argent. Elle força l'Empereur de faire paſſer entre les mains des Luthériens des Bénéfices qui appartenoient aux Catholiques Romains. Rome cria à l'impiété, & dit que la cauſe de Dieu étoit trahie. Les Proteſtans ſe vantérent qu'ils avoient ſanctifié l'ouvrage de la Paix, en dépouillant des Papiſtes. L'intérêt ſeul fit parler tout le monde.

L'Espagne n'entra point dans cette paix, & avec aſſez de raiſon; car voïant la France plongée dans les guerres civiles, le Miniſtre Eſpagnol eſpéra profiter de nos diviſions. Les troupes Allemandes licentiées devinrent aux Eſpagnols un nouveau ſecours. L'Empereur depuis la Paix de Munſter fit paſſer en Flandre, en quatre ans de tems *e*), près de trente-mille hommes. C'étoit une violation manifeſte des Traités; mais ils ne ſont jamais exécutés autrement. *f*)

Les Miniſtres de Madrid eurent, dans le traité de Weſtphalie, l'adreſſe de faire une paix particuliére avec la Hollande. La Monarchie Eſpagnole fut enfin trop heureuſe

---

e) Il faut, *en quatre ans*, ſimplement. Ce ſont des minuties, ſi vous voulez; mais l'obſervation des petits regles ne contribue-t'elle pas à la perfection?

f) En ce moment, l'auteur avoit de la bile: ce trait eſt d'un miſantrope outré & non d'un hiſtorien judicieux.

reuse de n'avoir plus pour ennemis, & de reconnoître pour Souverains, ceux qu'elle avoit traité si long-tems de Rebelles, indignes de pardon. Ces Républicains augmentérent leurs richesses, & affermirent leur grandeur & leur tranquilité, en traitant avec l'Espagne, sans rompre avec la France.

1653. ILS étoient si puissans, que dans une guerre qu'ils eurent quelque-tems après avec l'Angleterre, ils mirent en mer cent vaisseaux de ligne; & la victoire demeura souvent indécise entre Black l'Amiral Anglois, & Tromp l'Amiral de Hollande, qui étoient tous deux sur mer ce que les Condés & les Turennes étoient sur terre. La France n'avoit pas en ce tems dix vaisseaux de cinquante pièces de canon qu'elle pût mettre en mer; sa marine s'anéantissoit de jour en jour. g)

LOUIS XIV. se trouva donc en 1653 maître absolu d'un roïaume, encor ébranlé des secousses qu'il avoit reçuës; rempli de désordres en tout genre d'Administration, mais plein de ressources; n'aïant aucun Allié, excepté la Savoie, pour faire une guerre offensive, & n'aïant plus d'ennemis étrangers que l'Espagne, qui étoit alors en plus mauvais état que la France. Tous les François,
qui

---

g) Il faut, *déperissoit*. L'*anéantissement* n'est pas sensible.

lui avoient fait la guerre civile, étoient soumis, hors le Prince de Condé & quelques-uns de ses partisans, dont un ou deux lui étoient demeurés fidéles, par amitié & par grandeur d'ame, comme le Comte de Coligni & Bouteville; & les autres, parce que la cour ne voulut pas les acheter assez chèrement.

CONDÉ, devenu Général des Armées Espagnoles, ne put relever un parti qu'il avoit affoibli lui-même par la destruction de leur infanterie aux journées de Rocroi & de Lens. Il combattoit avec des troupes nouvelles, dont il n'étoit pas le maître, contre les vieux régimens François, qui avoient appris à vaincre sous lui, & qui étoient commandés par Turenne.

LE fort de Turenne & de Condé fut d'être toujours vainqueurs, quand ils combattirent ensemble à la tête des François, & d'être battus, quand ils commandérent les Espagnols. Turenne avoit à peine sauvé les débris de l'armée d'Espagne à la bataille de Rétel, lorsque de Général du Roi de France, il s'étoit fait le Lieutenant de Dom Estevan de Gamarre. *b*)

LE

---

b) Il faut que cette antithese plaise bien à l'auteur, puisqu'il l'a transcrite de la page 83, où elle est mot à mot, & beaucoup mieux placée.

25.
Août
1654.

LE Prince de Condé eut le même so[rt] devant Arras. L'Archiduc & lui assiégeoie[nt] cette Ville. Turenne les assiégea dans leu[r] camp, & força leurs lignes; les troupes d[e] l'Archiduc furent mises en fuite. Cond[é] avec deux régimens de François & de Lor rains, soûtint seul les efforts de l'Armée d[e] Turenne; & tandis que l'Archiduc fuioit, il battit le Maréchal d'Hoquincourt, il re poussa le Maréchal de la Ferté, & se retir[a] victorieux en couvrant la retraite des Espa gnols vaincus. Aussi le Roi d'Espagne lu[i] écrivit ces propres paroles: *j'ai sû que tou[t] étoit perdu, & que vous avez tout conservé*[.]

IL est difficile de dire ce qui fait perdr[e] ou gagner les batailles; mais il est certai[n] que Condé étoit un des grands hommes d[e] guerre qui eussent jamais paru, & que l'Ar chiduc & son Conseil ne voulurent rien fai re à cette journée de ce que Condé avoit pro posé.

ARRAS sauvé, les lignes forcées, & l'Ar chiduc mis en fuite, comblérent Turenne de gloire; & on observa que dans la lettre écrite au nom du Roi au Parlement * sur cette victoire, on y attribua le succès de toute la campagne au Cardinal Mazarin, & qu'on ne fit pas même mention du nom de

Turen-

* *Datée de Vincennes du 11. Septembre 1654.*

Turenne. Le Cardinal s'étoit trouvé en effet à quelques lieues d'Arras avec le Roi. Il étoit même entré dans le camp au siége de Stenai, que Turenne avoit pris avant de secourir Arras. On avoit tenu devant le Cardinal des conseils de guerre. Sur ce fondement il s'attribua l'honneur des événemens, & cette vanité lui donna un ridicule que toute l'autorité du ministére ne put effacer.

Le Roi ne se trouva point à la bataille d'Arras, & auroit pû y être : il étoit allé à la tranchée au siége de Stenai ; mais le Cardinal Mazarin ne voulut pas qu'il exposât davantage sa personne, à laquelle le repos de l'Etat & la puissance du Ministre sembloient attachés.

D'un côté, Mazarin maître absolu de la France & du jeune Roi : de l'autre, Dom Louis de Haro, qui gouvernoit l'Espagne & Philippe IV, continuoient sous le nom de leurs maîtres cette guerre peu vivement soûtenuë. Il n'étoit pas encor question dans le monde du nom de Louis XIV, & jamais on n'avoit parlé du Roi d'Espagne. Il n'y avoit alors aucune tête couronnée en Europe qui eût une gloire personelle. La seule Christine, Reine de Suéde, gouvernoit par elle-même, & soutenoit l'honneur du trône, abandonné, ou flétri, ou inconnu dans les autres Etats.

CHARLES II. Roi d'Angleterre, fugi[tif] en France avec sa mere & son frere, y tra[î]noit ses malheurs & ses espérances. Un sim[ple] citoïen avoit subjugué l'Angleterre, l'E[s]cosse & l'Irlande. Cromvvel, cet Usurpa[teur] digne de regner, avoit pris le nom [de] Protecteur, & non celui de Roi: parce qu[e] les Anglois savoient jusqu'où les droits [de] leurs Rois devoient s'étendre, & ne connoi[s]soient pas quelles étoient les bornes de l'au[to]rité d'un Protecteur. *i*)

IL affermit son pouvoir *k*) en sachant [le] réprimer à propos : *l*) il n'entreprit poin[t] sur les priviléges, dont le peuple étoit ja[loux]; il ne logea jamais de gens de guer[re] dans la cité de Londres ; il ne mit aucun impôt dont on pût murmurer ; il n'offen[sa] point les yeux par trop de faste ; il ne [se] permit aucun plaisir ; il n'accumula poin[t] de trésors ; il eut soin que la justice fût ob[ser]vée avec cette impartialité impitoïable, qui ne distingue point les grands des petits.

LE frere de Pantaléon l'Ambassadeur [de] Portugal en Angleterre, aïant cru que sa li[cence]

i) Je ne dis rien de cette conjecture ; mais j[e] crains bien que les petits esprits ne la trou[u]vent admirable & les gens sensez ridicule.

k) *En sachant le réprimer* ; il faudroit, *en le ré[]primant.*

l) Cromwel ne réprima ni ne sçut réprimer son pouvoir.

ence seroit impunie, parce que la personne
de son frère étoit sacrée, insulta des citoyens
de Londres, & en fit assassiner un pour se
venger de la résistance des autres; il fut condamné à être pendu. Cromwel, qui pouvoit lui faire grace, le laissa exécuter, &
signa le lendemain un traité avec l'Ambassadeur. *m*)

JAMAIS le commerce ne fut si libre ni
florissant; jamais l'Angleterre n'avoit été si
riche. Ses flotes victorieuses faisoient respecter son nom dans toutes les mers, tandis
que Mazarin, uniquement occupé de dominer & de s'enrichir, laissoit languir dans
la France la justice, le commerce, la marine,
& même les finances. Maître de la France,
comme Cromwel de l'Angleterre, après une
guerre civile, il eût pû faire pour le païs
qu'il gouvernoit, ce que Cromwel avoit fait
pour le sien; mais il étoit étranger, & l'ame
de Mazarin qui n'avoit pas la barbarie de celle de Cromwel, n'en avoit pas aussi la grandeur.

TOUTES les nations de l'Europe, qui
avoient

---

m) C'est bien dommage, que les circonstances
soient fausses, & que les dattes de la signature
& du supplice n'aient été rapprochées que par
l'imagination de l'auteur. Rien n'auroit mieux
prouvé l'ascendant que ce grand homme prenoit sur les esprits.

avoient négligé l'alliance de l'Angleterre sous Jacques Premier & sous Charles, la briguèrent sous le Protecteur. La Reine Christine elle-même, quoiqu'elle eût détesté le meurtre de Charles Premier, entra dans l'alliance d'un Tyran qu'elle estimoit.

MAZARIN & Dom Louis de Haro prodiguèrent à l'envi leur politique, pour s'unir avec le Protecteur. Il goûta quelque-tems la satisfaction de se voir courtisé par les deux plus puissans Roïaumes de la Chrétienté. *n)*

LE Ministre Espagnol lui offroit de l'aider à prendre Calais; Mazarin lui proposoit d'assiéger Dunkerque, & de lui remettre cette ville. Cromwel avoit à choisir entre les clez de la France & celles de la Flandre. Il fut beaucoup sollicité aussi par Condé; mais il ne voulut point négocier avec un Prince, qui n'avoit plus pour lui que son nom, & qui étoit sans parti en France, & sans pouvoir chez les Espagnols.

LE Protecteur se détermina pour la France, mais sans faire de traité particulier, & sans partager des conquêtes par avance: il vouloit illustrer son usurpation par de plus grandes entreprises. Son dessein étoit d'enlever l'Amérique aux Espagnols; mais ils furent avertis à tems. Les Amiraux de Cromwel

---

n) On est courtisé par des rois; mais par des roïaumes!

vel leur prirent du moins la Jamaïque, pro-   *Mai*
vince que les Anglois possédent encor o),   *1655.*
qui assure leur commerce dans le nouveau
monde. Ce ne fut qu'après l'expédition de
la Jamaïque, que Cromwel signa son traité
avec le Roi de France, mais sans faire encor
mention de Dunkerque. Le Protecteur traita d'égal à égal; il força le Roi à reconnoître ce titre de Protecteur. Son Secrétaire
signa avant le Plenipotentiaire de France,
dans la minute du traité, qui resta en Angleterre; mais il traita véritablement en supérieur, en obligeant le Roi de France de fai-   *8.*
re sortir de ses Etats Charles II. & le Duc   *Nov.*
d'Yorck, petit-fils de Henri IV, à qui la   *1655.*
France devoit un azile.

TANDIS que Mazarin faisoit ce traité,
Charles II lui demandoit une de ses nièces
en mariage. Le mauvais état de ses affaires, qui obligeoit ce Prince à cette démarche, fut ce qui lui attira un refus. On a
même soupçonné le Cardinal d'avoir voulu
marier au fils de Cromwel celle qu'il refusoit
au Roi d'Angleterre. Ce qui est sûr, c'est
que lorsqu'il vit ensuite le chemin du trône
moins fermé à Charles II, il voulut renouer

H 3   ce

---

o) *Encor.* Ce mot doit toujours s'écrire en prose *encore*, parce qu'il s'écrit ordinairement de
même en vers.

ce mariage ; mais il fut refusé à son tour. *p*)

La Mère de ces deux Princes, Henriette de France, fille de Henri le Grand, demeurée en France sans secours, fut réduite à conjurer le Cardinal d'obtenir au moins de Cromwel qu'on lui païât son douaire. C'étoit le comble des humiliations les plus douloureuses, de demander une subsistance à celui qui avoit versé le sang de son mari sur un échafaut. Mazarin fit de foibles instances en Angleterre au nom de cette Reine, & lui annonça qu'il n'avoit rien obtenu. Elle resta à Paris dans la pauvreté, & dans la honte d'avoir imploré la pitié de Cromwel, tandis que ses enfans alloient dans l'armée de Condé & de Dom Juan d'Autriche apprendre le métier de la guerre contre la France qui les abandonnoit.

Les enfans de Charles Premier chassés de France se réfugierent en Espagne. Les Ministres Espagnols éclaterent dans toutes les Cours, & sur-tout à Rome, de vive voix &

---

p) Il ne tint qu'à ce ministre de le conclure; mais il craignit que son dessein de placer une de ses niéces sur le Trône de France ne perçât, n'allarmât les peuples, & ne fut traversé. Hortense Mancini auroit épousé Charles, si son oncle avoit pû se détacher, dès son vivant, de cinq millions que Charles demandoit.

par écrit, contre un Cardinal, qui sacri-
fioit, difoient-ils, les loix divines & humaines, l'honneur & la religion, au meurtrier
d'un Roi, & qui chaffoit de France Charles
II. & le Duc d'Yorck, coufins de Louis XIV,
pour plaire au bourreau de leur père. Pour
toute réponfe aux cris de ces Efpagnols, on
produifit les offres qu'ils avoient faites eux-
mêmes au Protecteur.

La guerre continuoit toûjours en Flandre
avec des fuccès divers. Turenne aïant affié-
gé Valencienne, avec le Maréchal de la Ferté,
éprouva le même revers que Condé avoit
effuïé devant Arras. Le Prince, fecondé 16.
alors de Dom Juan d'Autriche, plus digne Juill.
de combattre à fes côtés, que n'étoit l'Ar- 1656.
chiduc, força les lignes du Maréchal de la
Ferté, le prit prifonnier, & délivra Valencienne. Turenne fit ce que Condé avoit fait
dans une déroute pareille. Il fauva l'armée
battuë, & fit tête par tout à l'ennemi; il alla
même un mois après affiéger & prendre la
petite ville de la Capelle. C'étoit peut-être
la première fois qu'une armée battuë avoit
ôfé faire un fiége.

Cette marche de Turenne fi eftimée,
après laquelle la Capelle fut prife, fut éclip-
fée par une marche plus belle encore du Prince de Condé. Turenne affiégeoit à peine

Cambrai, que Condé, suivi de deux mille chevaux, perça à travers l'armée des assiégeans, & aïant renversé tout ce qui vouloit l'arrêter, il se jetta dans la ville. Les citoïens reçurent à genoux leur libérateur. Ainsi ces deux hommes opposés l'un à l'autre, déploioient les ressources de leur génie. On les admiroit dans leurs victoires, dans leur bonne conduite, & dans leurs fautes même qu'ils savoient toûjours réparer. Leurs talens arrêtoient tour-à-tour les progrès de l'une & de l'autre Monarchie ; mais le désordre des finances en Espagne & en France étoit encore un plus grand obstacle à leurs succès.

30. Mai 1658.

LA ligue faite avec Cromwel donna enfin à la France une supériorité plus marquée; d'un côté, l'Amiral Blak alla brûler les Gallions d'Espagne auprès des Iles Canaries, & leur fit perdre les seuls trésors avec lesquels la guerre pouvoit se soûtenir : de l'autre, vingt vaisseaux Anglois vinrent bloquer le port de Dunkerque, & six mille vieux soldats, qui avoient fait la révolution d'Angleterre, renforcérent l'armée de Turenne.

ALORS Dunkerque, la plus importante place de la Flandre, fut assiégée par mer & par terre. Condé & Dom Juan d'Autriche, aïant ramassé toutes leurs forces, se présentérent pour la secourir. L'Europe avoit les yeux

eux sur cet événement. Le Cardinal Mazarin mena Louis XIV auprès du théatre de la guerre, sans lui permettre d'y monter, quoiqu'il eût près de vingt ans. Ce Prince se tint dans Calais, tandis que son armée attaqua celle d'Espagne près des Dunes, & qu'elle remporta la plus belle victoire dont on eût entendu parler depuis la journée de Rocroi.

14. Juin 1658.

LE génie du Prince de Condé ne put rien ce jour-là contre les meilleures troupes de France & d'Angleterre. L'Armée Espagnole fut détruite. Dunkerque se rendit bientôt après. Le Roi accourut avec son Ministre pour voir passer la garnison. Le Cardinal ne laissa paroître Louis XIV, ni come guerrier, ni comme Roi; il n'avoit pas d'argent à distribuer aux soldats; à peine étoit-il servi : il alloit manger chez Mazarin, ou chez le Vicomte de Turenne, quand il alloit à l'armée.

CET oubli de la dignité roïale, n'étoit pas dans Louis XIV l'effet du mépris pour le faste, mais celui du dérangement de ses affaires, & du soin que le Cardinal avoit de réunir pour soi-même la splendeur & l'autorité.

LOUIS n'entra dans Dunkerque, que pour la rendre au Lord Lockhart Ambassadeur de Cromwel. Mazarin essaïa, si par quelque finesse il pourroit éluder le traité, & ne pas remettre la place. Mais Lockhart menaça, & la fermeté Angloise l'emporta sur l'habileté Italienne.

Plusieurs personnes ont assuré que le Cardinal, qui s'étoit attribué l'événement d'Arras, voulut engager Turenne à lui céder encor l'honneur de la bataille des Dunes. Du Bec-crépin Comte de Moret vint, dit-on, de la part du Ministre, proposer au Général d'écrire une lettre, par laquelle il parût, que le Cardinal avoit arrangé lui-même tout le plan des opérations. Turenne reçut avec mépris ces insinuations, & ne voulut point donner un aveu, qui eût produit la honte d'un Général d'armée & le ridicule d'un homme d'église. Mazarin, qui avoit eu cette foiblesse, eut celle de rester brouillé jusqu'à sa mort avec Turenne.

13. Sept. 1658. Quelque tems après le siége de Dunkerque, Cromwel mourut à l'âge de 55 ans, au milieu des projets qu'il faisoit, pour l'affermissement de sa puissance, & pour la gloire de sa nation. Il avoit humilié la Hollande, imposé les conditions d'un traité au Portugal, vaincu l'Espagne, & forcé la France à briguer son appui. Il avoit dit depuis peu, en apprenant avec quelle hauteur les Amiraux s'étoient conduits à Lisbonne;

sonne: *je veux qu'on respecte la République Angloise, autant qu'on a respecté autrefois la République Romaine.* Il est faux, qu'il ait fait l'enthousiaste & le faux-prophéte à sa mort, comme l'ont débité quelques écrivains; mais il est sûr, qu'il mourut avec la fermeté d'ame, qu'il avoit montrée toute sa vie. Il fut enterré en Monarque légitime, & laissa la réputation d'un grand Roi, qui couvroit les crimes d'un Usurpateur.

Le Chevalier Temple prétend que Cromwel avoit voulu avant sa mort s'unir avec l'Espagne contre la France, & se faire donner Calais avec le secours des Espagnols, comme il avoit eu Dunkerque par les mains des François. Rien n'étoit plus dans son caractére & dans sa politique. Il eût été l'idole du peuple Anglois, en dépouillant ainsi, l'une après l'autre, deux nations que la sienne haïssoit également. La mort renversa ses grands desseins, sa tyrannie, & la grandeur de l'Angleterre *q*).

IL

---

q) L'Angleterre étoit terrible sous Cromwel: sous Charles II. elle fut florissante, malgré la lâcheté de ce prince. C'est alors que son commerce s'établit sur des fondemens inébranlables: La mort de Cromwel ne pouvoit *renverser* ce fameux acte de la navigation qui a été la source des grandes richesses & de la puissance maritime de la Grande-Bretagne.

IL est à remarquer qu'on porta le deuil de Cromvvel à la Cour de France, & que Mademoiselle fut la seule qui ne rendit point cet hommage à la mémoire du meurtrier d'un Roi son parent.

RICHARD Cromvvel succéda paisiblement & sans contradiction au Protectorat de son père, comme un Prince de Galles auroit succédé à un Roi d'Angleterre.

RICHARD fit voir, que du caractère d'un seul homme dépend la destinée d'un Etat. Il avoit un génie bien contraire à celui d'Olivier Cromvvel, toute la douceur des vertus civiles, & rien de cette intrépidité féroce, qui sacrifie tout à ses intérêts. Il eût conservé l'héritage acquis par les travaux de son père, s'il eût voulu faire tuer trois ou quatre principaux Officiers de l'armée, qui s'opposoient à son élévation. Il aima mieux se démettre du gouvernement, que de regner par des assassinats; il vécut particulier, & même ignoré, jusqu'à l'âge de 90 ans, dans le païs, dont il avoit été quelques jours le Souverain. Après sa démission du Protectorat, il voïagea en France: on sait qu'à Montpélier le Prince de Conti, frère du grand Condé, en lui parlant sans le connoître, lui dit un jour: *Olivier Cromwel étoit un grand homme, mais son*

JUSQU'À 1661. 125

on fils *Richard est un misérable de n'avoir* as *su jouir du fruit des crimes de son père.* Cependant ce Richard vécut heureux, & son père n'avoit jamais connu le bonheur *r*).

QUELQUE tems auparavant, la France fit un autre exemple bien plus mémorable du mépris d'une couronne *s*). Christine Reine de Suéde vint à Paris. On admira en elle une jeune Reine, qui à vingt-sept ans avoit renoncé à la souveraineté dont elle étoit digne, pour vivre libre & tranquile. Il est honteux aux Ecrivains Protestans, d'avoir osé dire sans la moindre preuve, qu'elle ne quitta sa couronne, que parce qu'elle ne pouvoit plus la garder. Elle avoit formé ce dessein dès l'âge de vingt ans, & l'avoit laissé meurir sept années. Cette résolution, si supérieure aux idées vulgaires & si longtems meditée, devoit fermer la bouche à ceux qui lui reprochèrent de la legereté & une abdication involontaire. L'un de ces deux reproches détruisoit l'autre; mais il faut toûjours que ce qui est grand soit attaqué par les petits esprits.

POUR

r) D'où l'auteur tient-il cette anecdote? Olivier Cromwel avoit été aussi loin qu'il pouvoit aller, & infiniment plus loin qu'il n'avoit espéré. Olivier Cromwel fut donc aussi heureux qu'il pouvoit l'être, & beaucoup plus qu'il ne s'étoit flatté de l'être.

s) *Le mépris d'une Couronne.* Cela se dit-il?

Pour connoître le génie unique de cette Reine, on n'a qu'à lire ses Lettres. Elle d[it] dans celle qu'elle écrivit à Chanut, autrefo[is] Ambassadeur de France auprès d'elle: „j'[ai]
„ possédé sans faste: je quitte avec facilit[é.]
„ Après cela, ne craignez pas pour moi[;]
„ mon bien n'est pas au pouvoir de la fortu-
„ ne." Elle écrivit au Prince de Condé[:]
„ je me tiens autant honorée par votre esti-
„ me, que par la couronne que j'ai porté[e.]
„ Si après l'avoir quittée, vous m'en juge[z]
„ moins digne, j'avouërai que le repos qu[e]
„ j'ai tant souhaité, me coûte cher; mais j[e]
„ ne me repentirai pourtant point de l'avo[ir]
„ acheté au prix d'une couronne, & je n[e]
„ noircirai jamais une action, qui m'a sem-
„ blé si belle, par un lâche repentir; &
„ s'il arrive que vous condamniez cett[e]
„ action, je vous dirai pour toute excuse[,]
„ que je n'aurois pas quitté les biens que l[a]
„ fortune m'a donnés, si je les eusse cru n[é-]
„ cessaires à ma félicité, & que j'aurois pr[é-]
„ tendu à l'empire du monde, si j'eusse ét[é]
„ aussi assurée d'y réussir, ou de mourir, qu[e]
„ le seroit le grand Condé.

Telle étoit l'ame de cette personne si singuliére; tel étoit son stile dans notre lan- gue, qu'elle avoit parlée *t*) rarement. *u*)

Elle

t) *Parlée*. Je crois que c'est un barbarisme. L[e] héros expiré.

u). Elle n'en parloit pas d'autre à Stockholm.

elle savoit huit langues; elle avoit été disciple & amie de Descartes, qui mourut à Stockholm dans son palais, après n'avoir pû obtenir seulement une pension en France x) où ses ouvrages furent même proscrits pour les seules bonnes choses qui y fussent. Elle avoit attiré en Suéde tous ceux qui pouvoient l'éclairer. Le chagrin de n'en trouver aucun parmi ses sujets, l'avoit dégoûtée de regner sur un peuple qui n'étoit que soldat. Elle crut, qu'il valoit mieux vivre avec des hommes qui pensent, que de commander à des hommes sans lettres ou sans génie y). Elle avoit cultivé tous les arts dans un climat où ils étoient alors inconnus. Son dessein étoit d'aller se retirer au milieu d'eux en Italie. Elle ne vint en France, que pour y passer, parce que ces arts ne commençoient qu'à y naître. Son goût la fixoit à Rome. Dans cette vuë elle avoit quitté la Religion Luthérienne pour la Catholique; indifferente pour l'une & pour l'autre, elle ne fit point scrupule de se conformer en apparence aux sentimens du peuple, chez lequel elle voulut passer

x) Il en obtint une de mille écus, qui ne lui fut pas païée, parce que ce n'étoit pas alors l'usage de païer les pensions. Aussi préféroit on alors une pension d'un ministre ou d'un Sur-Intendant à une pension du Roi.
y) Les Suédois ont toujours eu du genie, & connoissoient alors les lettres.

passer sa vie, Elle avoit quitté son roïaume en 1654, & fait publiquement à Inspruck la cérémonie de son abjuration. Elle plut à la Cour de France, quoiqu'il ne s'y trouvât pas une femme, dont le génie pût atteindre au sien. Le Roi la vit & lui fit de grands honneurs, mais il lui parla à peine. Elevé dans l'ignorance; le bon sens avec lequel il étoit né, le rendoit timide z).

La plûpart des femmes & des courtisans n'observerent autre chose dans cette Reine philosophe, sinon qu'elle n'étoit pas coëffée à la françoise, & qu'elle dansoit mal. Les sages ne condamnérent dans elle a), que le meurtre de Monaldeschi son Ecuier, qu'elle fit assassiner à Fontainebleau dans un second voiage. De quelque faute qu'il fût coupable envers elle, aiant renoncé à la roïauté, elle n'avoit plus aucun droit de faire justice. Ce n'étoit pas une Reine qui punissoit un crime d'Etat; c'étoit une femme qui terminoit une galanterie par un meurtre. Cette honte & cette cruauté ternirent la Philosophie, qui lui avoit fait quitter un trône.
Elle

z) Ce qui rendoit timide Louis XIV, ce n'étoit pas son bon sens, mais son ignorance, & la connoissance qu'il commençoit à en avoir.

a) *Dans elle*: il faut, *en elle*.

le eût été punie en Angleterre *b*); mais la
ance ferma les yeux à cet attentat contre
utorité du Roi, contre le droit des na-
ons, & contre l'humanité.

APRE'S

b) Si elle eut voiagé *incognito*, cela est vrai; mais voiageant en reine & reconnue & reçue pour telle, c'auroit été attenter au droit des gens de la poursuivre criminellement. On permet bien aux Ambassadeurs Turcs de punir dans leur hotel leurs domestiques. L'*Incognito* change l'espece, parce qu'il soumet aux loix civiles & qu'il réduit au rang de simple particulier celui qui s'en couvre. Qu'un prince meurtrier & accusé veuille s'en dépouiller, & reprendre sa qualité, il est doublement punissable & comme meurtrier & comme imposteur. L'*incognito*, presque toujours si commode peut donc quelque fois être dangereux. Je me rappelle à ce propos un conte qui éclaireit cette matiere sur laquelle les Allemands ont imprimé des *in folio*. Pierre le Grand, en Angleterre, entre brusquement dans un caffé de Londres, demande une pipe, un pot de biere du ton de voix d'un forcené. Un Anglois lui demande le sujet de sa fureur. Un de mes généraux du Pierre en écumant, a ôsé me mentir. Peu s'en est fallu que ce sabre ne l'ait fendu en deux. Vous avez très bien fait, lui répond l'Anglois, d'être maitre de vous-même: & pourquoi, lui dit l'empereur? ″ parce que, repartit le marchand, si vous aviez tué ce Général, on vous auroit saisi par corps, mis les fers aux mains

Tome *I*. I &

130 LOUIS XIV.

APRE's la mort de Cromvvel, & la déposition de son fils, l'Angleterre resta un an dans la confusion de l'Anarchie. Charles-Gustave, à qui la Reine Christine avoit donné le Roïaume de Suéde, se faisoit redouter dans le Nord & dans l'Allemagne. L'Empereur Ferdinand étoit mort en 1657; son fils Léopold âgé de 17 ans, déja Roi de Hongrie & de Bohème, n'avoit point été élu Roi des Romains du vivant de son père. Mazarin voulut essaïer de faire Louis XIV Empereur. Ce dessein étoit chimérique; il eût fallu ou forcer les Electeurs, ou les séduire. La France n'étoit ni assez forte pour ravir l'Empire, ni assez riche pour l'acheter; aussi les premières ouvertures faites à Francfort par le Maréchal de Grammont & par Lionne, furent-elles abandonnées aussitôt que proposées. Léopold fut élu. Tout ce que put la politique de Mazarin, ce fut de faire une ligue avec les Princes Allemans, pour l'observation des traités de Munster, & pour donner un frein à l'autorité de l'Empereur sur l'Empire.

Août 1658.

LA France, après la bataille des Dunes, étoit

& aux piés, jetté dans un cu de basse-fosse, fait votre procès, condamné à être pendu. Mais le Roi vous auroit peut-être fait grace». Heureux le païs, où ces paroles ne sont pas les paroles d'un insensé!

étoit puissante au dehors, par la gloire de ses armes, & par l'état où étoient reduites les autres nations: mais le dedans souffroit; il étoit épuisé d'argent; on avoit besoin de la paix.

Les nations, dans les Monarchies Chrétiennes, n'ont presque-jamais d'intérêt aux guerres de leurs Souverains *c*). Des armées mercenaires levées par ordre d'un Ministre, & conduites par un Général qui obéit en aveugle à ce Ministre, font plusieurs campagnes ruineuses, sans que les Rois, au nom desquels elles combattent, aïent l'espérance, ou même le dessein de ravir tout le patrimoine l'un de l'autre. Le peuple vainqueur ne profite jamais des dépouilles du peuple vaincu: il païe tout; il souffre dans la prosperité des armes, comme dans l'adversité: & la paix lui est presque aussi nécessaire, après la plus grande victoire, que quand les ennemis ont pris ses places frontiéres.

Il falloit deux choses au Cardinal, pour consommer heureusement son ministére; faire la paix, & assurer le repos de l'Etat par le mariage du Roi. Ce Prince avoit été malade dangereusement, après la campagne

---

c) Aujourd'hui toutes les guerres sont faits pour les peuples; car elles sont presque toutes guerres de commerce. Le reste de cette longue reflexion est une mauvaise copie de la Bruyere.

de Dunkerque: on avoit tremblé pour sa vie, le Cardinal, qui n'étoit pas aimé de Monsieur frere du Roi, avoit songé dans ce péril à mettre à couvert ses richesses immenses, & à préparer sa retraite. Toutes ces considérations le déterminérent à marier Louis XIV. promptement. Deux partis se présentoient, la fille du Roi d'Espagne, & la Princesse de Savoie. Le cœur du Roi avoit pris un autre engagement; il aimoit éperdument Mademoiselle Mancini l'une des niéces du Cardinal. Né avec un cœur tendre & de la fermeté dans ses volontés, plein de passion & sans expérience, il auroit pû se résoudre à épouser sa maîtresse.

MADAME de Motteville, favorite de la Reine Mere, dont les Mémoires ont un grand air de vérité, pretend que Mazarin fut tenté de laisser agir l'amour du Roi, & de mettre sa niéce sur le trône. Il avoit déjà marié une autre niéce au Prince de Conti, une au Duc de Mercœur: celle que Louis XIV. aimoit, avoit été demandée en mariage par le Roi d'Angleterre. C'étoient autant de titres qui pouvoient justifier son ambition. Il pressentit adroitement la Reine Mere: *je crains bien*, lui dit-il, *que le Roi ne veuille trop fortement épouser ma niéce.* La Reine qui connoissoit le Ministre, comprit qu'il souhai-

souhaitoit ce qu'il faignoit de craindre. Elle lui répondit avec la hauteur d'une Princesse du sang d'Autriche, fille, femme & mere de Rois, & avec l'aigreur que lui inspiroit depuis quelque tems un Ministre qui affectoit de ne plus dependre d'elle. Elle lui dit: *si le Roi étoit capable de cette indignité, je me mettrois avec mon second fils à la tête de toute la nation, contre le Roi & contre vous.*

MAZARIN ne pardonna jamais, dit-on, cette réponse à la Reine: mais il prit le parti sage *d*) de penser comme elle *e*); il se fit lui-même un honneur & un mérite de s'opposer à la passion de Louis XIV. Son pouvoir n'avoit pas besoin d'une Reine de son sang pour appui. Il craignoit même le caractére de sa niéce; & il crut affermir encore la puissance de son ministére, en fuiant la gloire dangereuse d'élever trop de sa maison.

DÈS l'année 1656, il avoit envoïé Lionne en Espagne, solliciter la paix & demander l'Infante; mais Dom Louis de Haro, persuadé que quelque foible que fût l'Espagne, la France ne l'étoit pas moins, avoit rejetté les

---

d) Il faut: *il prit sagement le parti.* Mr. de Voltaire est plein de ces inexactitudes.

e) Il faut: *il feignit de penser comme elle.* Je ne dis pas pourquoi. Cela s'entend.

les offres du Cardinal, L'Infante, fille du premier lit, étoit destinée au jeune Léopold. Le Roi d'Espagne n'avoit alors de son second mariage qu'un fils, dont l'enfance mal-saine faisoit craindre pour sa vie. On vouloit que l'Infante, qui pouvoit être héritière de tant d'Etats, portât ses droits dans la maison d'Autriche, & non dans une maison ennemie; mais enfin Philippe IV aïant eû un autre fils Dom Philippe Prosper, & sa femme étant encor enceinte, le danger de donner l'Infante au Roi de France lui parut moins grand, & la bataille des Dunes lui rendit la paix nécessaire. *f)*

Les Espagnols promirent l'Infante, & demandérent une suspension d'armes. Mazarin & Dom Louis se rendirent sur les frontiéres d'Espagne & de France, dans l'Ile des Faisans. Quoique le mariage d'un Roi de France & la paix générale fussent l'objet de leurs Conférences; cependant plus d'un mois se passa à arranger les difficultés sur la préséance & à régler des cérémonies. Les Cardinaux se disoient égaux aux Rois, & supérieurs aux autres Souverains. La France préten-

f) C'étoit ici le lieu de dire un mot d'Elizabeth de Savoye, du voiage de Lyon, & de la promesse que Louis XIV donna à Madame Royale, que si l'Espagne manquoit à la France il ne manqueroit pas à la Savoie.

prétendoit avec plus de justice la prééminence sur les autres Rois. Cependant Dom Louis de Haro mit une égalité parfaite entre Mazarin & lui, entre la France & l'Espagne.

Les Conférences durérent quatre mois. Mazarin & Dom Louis y déploiérent toute leur politique. Celle du Cardinal étoit la finesse. Celle de Dom Louis la lenteur. Celui-ci ne donnoit presque jamais de paroles, & celui-là en donnoit toûjours d'équivoques. Le génie du Ministre Italien étoit de vouloir surprendre; celui de l'Espagnol étoit de s'empêcher d'être surpris. On prétend qu'il disoit du Cardinal: *il a un grand défaut en politique, c'est qu'il veut toûjours tromper.*

Telle est la vicissitude des choses humaines, que de ce fameux Traité des Pirénées, il n'y pas deux articles qui subsistent aujourd'hui. Le Roi de France garda le Roussillon, qu'il eût toûjours conservé sans cette paix: mais à l'égard de la Flandre, la Monarchie Espagnole n'y a plus rien. Nous étions alors les amis nécessaires du Portugal; nous ne le sommes plus: tout est changé. Mais si Dom Louis de Haro avoit dit que le Cardinal Mazarin savoit tromper, on a dit depuis qu'il savoit prévoir. Il méditoit

dès long-tems l'Alliance de la France & [de] l'Espagne. On cite cette fameuse Lettre [de] lui, écrite pendant les négociations de Mun[s]ter; ,, si le Roi Très-Chrétien pouvoit [a-]
,, voir les Païs-Bas & la Franche-Com[té]
,, en dot, en épousant l'Infante; alors nou[s]
,, pourrions aspirer à la succession d'Espa[-]
,, gne, quelque rénonciation qu'on fît fair[e]
,, à l'Infante; & ce ne seroit pas une atten[-]
,, te fort éloignée, puisqu'il n'y a que la vi[e]
,, du Prince son frere qui l'en pût exclu[-]
,, re. ,, Ce Prince étoit alors Balthasar qu[i] mourut en 1649.

LE Cardinal se trompoit évidemment, e[n] pensant qu'on pourroit donner les Païs-Ba[s] & la Franche-Comté en mariage à l'Infan[-]te. On ne stipula pas une seule ville pou[r] sa dot. Au contraire on rendit à la Monar[-]chie Espagnole des villes considérables qu'o[n] avoit conquises, comme Saint-Omer, Ypres, Menîn, Oudenarde & d'autres places. O[n] en garda quelques unes. Le Cardinal ne s[e] trompa pas en croïant que la renonciatio[n] seroit un jour inutile; mais ceux qui lui font honneur de cette prédiction, lui font donc prévoir que le Prince Dom Balthasar mou[-]roit en 1649; qu'ensuite les trois enfans du second mariage seroient enlevés au berceau; que Charles, le cinquiéme de tous ces en[-] ns mâles, mouroit sans postérité, & que [le] Roi Autrichien feroit un jour un Testa[m]ent en faveur d'un petit-fils de Louis XIV. [M]ais enfin le Cardinal Mazarin prévit ce [q]ue vaudroient des renonciations, en cas [q]ue la postérité mâle de Philippe IV s'étei[g]nît; & des événemens étranges l'ont justi[fi]é, après plus de cinquante années.

MARIE Thérèse, pouvant avoir pour [d]ot les villes que la France rendoit, n'ap[p]orta par son contrat de mariage, que cinq[-c]ent-mille écus d'or au soleil; il en coûta [d]avantage au Roi pour l'aller recevoir sur [l]a frontiére. Ces cinq-cent-mille écus, va[l]ant alors deux-millions-cinq-cent-mille li[v]res, furent pourtant le sujet de beaucoup [d]e contestations entre les deux Ministres. [E]nfin la France n'en reçut jamais que cent-[m]ille francs.

LOIN que ce mariage apportat aucun [a]utre avantage présent & réel, que celui de [l]a paix, l'Infante renonça à tous les droits [q]u'elle pourroit jamais avoir sur aucune des [t]erres de son pere; & Louis XIV. ratifia [c]ette renonciation de la maniére la plus so[l]emnelle, & la fit ensuite enregistrer au Par[l]ement.

CES renonciations & ces cinq-cent-mil[l]e écus de dot sembloient être les clauses [o]rdinaires des mariages des Infantes d'Espa-

I 5

gne

gne avec les Rois de France. La Reine Anne d'Autriche, fille de Philippe III, avoit été mariée à Louis XIII à ces mêmes conditions ; & quand on avoit Marié Isabelle, fille de Henri le Grand, avec Philippe IV Roi d'Espagne, on n'avoit pas stipulé plus de cinq-cent-mille écus d'or pour sa dot, dont même on ne lui païa jamais rien : desorte qu'il ne paroissoit pas qu'il y eût alors aucun avantage dans ces grands mariages : on n'y voïoit que des filles de Rois mariées à des Rois, aïant à peine un présent de nôces. g)

LE Duc de Lorraine Charles IV, de qui la France & l'Espagne avoient beaucoup à se plaindre, ou plûtôt, qui avoit beaucoup à se plaindre d'elles, fut compris dans le traité, mais en Prince malheureux, qu'on punissoit parce qu'il ne pouvoit se faire craindre. La France lui rendit ses Etats en démolissant Nanci, & en lui défendant d'avoir des troupes. Dom Louis de Haro obligea le Cardinal Mazarin à faire recevoir en grace le Prince de Condé, en menaçant de lui
laisser

g) Cette digression sur la dot des Reines est puérile ; elle n'est d'aucun usage ; mais seulement d'une vaine & simple curiosité. Toutes les fois qu'il est question d'argent, M. de Voltaire est d'une érudition, d'une exactitude étonnante.

laisser en souveraineté Rocroi, le Câtelet & d'autres places, dont il étoit en possession. Ainsi la France gagna à la fois ces villes & le grand Condé. Il perdit sa charge de Grand-Maître de la maison du Roi, & ne revint presque qu'avec sa gloire.

CHARLES II Roi titulaire d'Angleterre, plus malheureux alors que le Duc de Lorraine, vint près des Pirénées, où l'on traitoit cette paix. Il implora le secours de Dom Louis & de Mazarin. Il se flattoit que leurs Rois *b*), ses cousins-germains, réunis ôseroient enfin venger une cause commune à tous les Souverains, puisqu'enfin Cromwel n'étoit plus; il ne put seulement obtenir une entrevuë, ni avec Mazarin, ni avec Dom Louis. Lockhart, cet Ambassadeur de Cromwel, étoit à Saint-Jean de Luz, & se faisoit respecter encor même après la mort du Protecteur; & les deux Ministres, dans la crainte de choquer cet Anglois, refusèrent de voir Charles II. Ils pensoient que son rétablissement étoit impossible, & que toutes les factions Angloises, quoique divisées entre elles, conspiroient également à ne jamais reconnoître de Rois. Il se trompèrent tous deux: la fortune fit peu de mois après ce que ces deux Ministres auroient pû avoir la gloire d'entre-
pren-

---

b) Stile de commis de bureau.

prendre. Charles fut rappellé dans ſes Etats par les Anglois, ſans qu'un ſeul Potentat de l'Europe *i*) ſe fût jamais mis en devoir ni d'empêcher le meurtre du pere, ni de ſervir au rétabliſſement du fils. Il fut reçu dans les plaines de Douvres, par vingt-mille citoïens, qui ſe jettérent à genoux devant lui. Des vieillards, qui étoient de ce nombre, m'ont dit, que preſque tout le monde fondoit en larmes. Il n'y eut peut-être jamais de ſpectacle plus touchant, ni de révolution plus ſubite. Ce changement ſe fit en bien moins de tems, que le Traité des Pirénées ne fut conclu; & Charles II étoit déja paiſible poſſeſſeur de l'Angleterre, que Louis XIV n'étoit pas même encore marié par procureur.

Enfin le Cardinal Mazarin ramena le Roi & la nouvelle Reine à Paris. Un pere, qui auroit marié ſon fils ſans lui donner l'adminiſtration de ſon bien, n'en eût pas uſé autrement que Mazarin; il revint plus puiſſant & plus jaloux de ſa puiſſance & même de ſes honneurs, que jamais; il ne donna plus la main aux Princes du ſang en lieu tiers, comme autre-fois. Celui qui avoit traité Dom Louis de Haro en égal, voulut traiter

---

i) *Un ſeul potentat de l'Europe.* Stile des amplifications de rétorique.

traiter le grand Condé en inférieur *l*). Il marchoit alors avec un faste roïal, aïant outre ses gardes une compagnie de mousquetaires, qui est aujourd'hui la seconde compagnie des mousquetaires du Roi. On n'eut plus auprès de lui un accès libre : si quelqu'un étoit assez mauvais courtisan, pour demander une grace au Roi, il étoit perdu. La Reine Mere, si longtems protectrice obstinée de Mazarin contre la France, resta sans crédit, dès qu'il n'eut plus besoin d'elle. Le Roi son fils, élevé dans une soumission aveugle pour ce Ministre, ne pouvoit secoüer le joug qu'elle lui avoit imposé aussi bien qu'à elle-même; elle respectoit son ouvrage, & Louis XIV n'osoit pas encor regner du vivant de Mazarin.

UN Ministre est excusable du mal qu'il fait, lorsque le gouvernail de l'Etat est forcé dans sa main par les tempêtes; mais dans le calme il est coupable de tout le bien qu'il ne fait pas. Mazarin ne fit de bien qu'à lui, & à sa famille par rapport à lui. Huit années de puissance absoluë & tranquile depuis son dernier retour jusqu'à sa mort, ne furent marquées par aucun établissement glorieux ou utile; car le Collége des Quatre Nations

―――――――――――――――――

l) Pour dire ce que l'auteur veut dire, il faut mettre *en supérieur*, ou bien, *traiter d'inférieur*.

Nations ne fut que l'effet de son testament. Il gouvernoit les finances comme l'Intendant d'un Seigneur obéré.

Le Roi demanda quelquefois de l'argent à Fouquet, qui lui répondoit: *Sire, il n'y a rien dans les coffres de Votre Majesté; mais Monsieur le Cardinal vous en prêtera.* Mazarin étoit riche d'environ deux-cent millions, à compter comme on fait aujourd'hui. *m*) Plusieurs Mémoires disent, qu'il en amassa une partie par des moïens trop au-dessous de la grandeur de sa place. Ils rapportent, qu'il partageoit avec les armateurs les profits de leurs courses: c'est ce qui ne fut jamais prouvé; mais les Hollandois l'en soupçonnèrent, & ils n'auroient pas soupçonné le Cardinal de Richelieu.

On dit qu'en mourant il eut des scrupules, quoiqu'au dehors il montrât du courage. Du moins il craignit pour ses biens, & il en fit au Roi une donation entière, croïant que le Roi les lui rendroit. Il ne se trompa point; le Roi lui remit la donation au bout de trois jours. Enfin il mourut; & il n'y eut que le Roi qui semblât le regretter, car ce Prince savoit déja dissimuler. Le joug commençoit à lui peser; il étoit impatient de

---

m) Mazarin n'avoit que 60 millions d'alors, qui ne feroient pas aujourd'hui 120 millions.

le regner. Cependant il voulut paroître sensible à une mort, qui le mettoit en possession de son trône.

Louis XIV & la cour portérent le deüil du Cardinal Mazarin, honneur peu ordinaire, & que Henri IV avoit fait à la mémoire de Gabrielle d'Etrée.

On n'entreprendra pas ici d'examiner, si le Cardinal Mazarin a été un grand Ministre ou non: c'est à ses actions de parler, & à la postérité de juger *n*). Mais on ne peut s'empécher de combattre l'opinion, qui suppose une étenduë d'esprit prodigieuse, & un génie presque divin dans ceux qui ont gouverné des Empires avec quelque succès *o*). Ce n'est point une pénétration superieure, qui fait les hommes d'Etat; c'est leur caractére. Les hommes, pour peu qu'ils aïent du bon sens, voient tous à peu-près leurs intérêts. Un bourgeois d'Amsterdam ou de Berne, en fait sur ce point, autant que Sejan, Ximenes, Boukingham, Richelieu ou Mazarin: mais notre conduite & nos entreprises dépendent uniquement de la trempe

de

n) Nous sommes cette postérité qui doit juger Mazarin. Ce que Mr. de Voltaire met en problême est décidé depuis long-tems: Mazarin est le dernier des ministres & le premier des Maltotiers.

o) Que veut dire cette période?

de notre ame. & nos succès dépendent de la fortune *p*).

PAR exemple : si un génie, tel que le Pape Alexandre VI, ou Borgia son fils, avoit eû la Rochelle à prendre, il auroit invité dans son camp les principaux chefs sous un serment sacré, & se seroit défait d'eux. Mazarin seroit entré dans la ville deux ou trois ans plus-tard, en gagnant & en divisant les bourgeois. Dom Louis de Haro n'eût pas hazardé l'entreprise. Richelieu fit une digue sur la mer à l'exemple d'Alexandre, & entra dans la Rochelle en Conquérant; mais une marée un peu forte, ou un peu plus de diligence de la part des Anglois, delivroient la Rochelle, & faisoient passer Richelieu pour un téméraire.

ON peut juger du caractére des hommes par leurs entreprises. On peut bien assurer que l'ame de Richelieu respiroit la hauteur & la vengeance; que Mazarin étoit sage *q*) souple & avide de biens. Mais pour connoître

p) Les gens délicats n'aimeront pas ce morceau sur Mazarin : cependant quel sujet dans un ministre qui avoit si long-tems troublé, volé, & gouverné la France.

q) Mazarin ne fut jamais sage que dans les négociations : Toutes les fautes de la minorité ont leur source dans son indécision, sa foiblesse, son imbécillité, son ignorance, sa lâcheté.

noître à quel point un Ministre a de l'esprit, il faut ou l'entendre souvent parler, ou lire ce qu'il a écrit. Il arrive souvent parmi les hommes d'Etat, ce qu'on voit tous les jours parmi les courtisans; celui qui a le plus d'esprit échoue, & celui qui a dans le caractère plus de patience, de force, de souplesse & de suite, réussit.

En lisant les Lettres du Cardinal Mazarin & les Mémoires du Cardinal de Rets, on voit aisément que Rets étoit le génie supérieur. Cependant Mazarin fut tout-puissant, & Rets fut proscrits. Enfin il est très-vrai, que pour faire un puissant Ministre, il ne faut souvent qu'un esprit médiocre, du bon sens & de la fortune; mais pour être un bon Ministre, il faut avoir pour passion dominante, l'amour du bien public. Le grand homme d'Etat est celui dont il reste de grands monumens utiles à la patrie. *r*)

r) Tout ce chapitre est plein de petites anecdotes qui ne peuvent amuser qu'un lecteur ignorant ou desœuvré. Il est étonnant que l'auteur ait oublié sitôt & si souvent qu'il s'étoit engagé non à narrer avec esprit des bagatelles, mais à peindre l'esprit des hommes dans le siècle le plus éclairé.

CHAPITRE SIXIEME.

LOUIS XIV. gouverne par lui même. Il force la branche d'Autriche Espagnole à lui céder par-tout la préséance, & la Cour de Rome à lui faire satisfaction a). Il achètte Dunkerque. Il donne des secours à l'Empereur, au Portugal, aux Etats Généraux, & rend son Roïaume florissant & redoutable.

JAMAIS il n'y eut dans une Cour plus d'intrigues & d'espérances, que durant l'agonie du Cardinal Mazarin. Les femmes, qui prétendoient à la beauté, se flattoient de gouverner un Prince de vingt-deux ans, que l'amour avoit déja séduit jusqu'à offrir sa couronne à sa maitresse. Les jeunes courtisans croioient renouveller le regne des Favoris. Chaque Ministre esperoit la premiére place. Aucun d'eux ne pensoit, qu'un Roi élevé dans l'éloignement des affaires, osat

prendre,

―――――――――
a.) C'est annoncer une faute qu'on ne fait pas. Car l'auteur dit fort bien dans le corps du chapitre, que le Comte de Fuente déclara seulement que les ministres Espagnols ne concourroient plus desormais avec ceux de France; & il finit par avouer, qu'ils obtinrent à Nimegue l'égalité.

rendre sur lui le fardeau du gouvernement. Mazarin avoit prolongé l'enfance de ce Monarque autant qu'il l'avoit pû. Il ne l'instruisoit que depuis fort-peu de tems, & parce que le Roi avoit voulu être instruit.

On étoit si loin d'espérer d'être gouverné par son Souverain, que de tous ceux qui avoient travaillé jusqu'alors avec le Premier Ministre, il n'y en eut aucun, qui demandât au Roi, quand il voudroit les entendre. Ils lui demandérent tous: *à qui nous adresserons-nous?* & Louis XIV leur répondit: *à moi*. On fut encor plus surpris de le voir persévérer. Il y avoit quelque tems qu'il consultoit ses forces, & qu'il essaïoit en secret son génie pour regner. Sa résolution prise une fois, il la maintint jusqu'au dernier moment de sa vie. Il fixa à chacun de ses Ministres les bornes de son pouvoir, se faisant rendre compte de tout par eux à des heures réglées, leur donnant la confiance qu'il falloit pour accréditer leur ministére, & veillant sur eux pour les empêcher d'en trop abuser *b*). Il commença par mettre de
l'ordre

---

b) Je ne prétends pas porter atteinte à la gloire de Louis XIV; mais il est très sur que sa vigilance s'endormit quelquefois. Voiez les maux du demi-visirat dans la Polysinodie de l'abbé de St. Pierre. Il n'y a que la pluralité
des

l'ordre dans les finances dérangées par un long brigandage.

La discipline fut rétablie dans les troupes, comme l'ordre dans les finances. La magnificence & la décence embellirent sa cour. Les plaisirs même eurent de l'éclat & de la grandeur. Tous les arts furent encouragés, & tous emploïés à la gloire du Roi & de la France.

Ce n'est pas ici le lieu de le repréſenter dans sa vie privée, ni dans l'intérieur de ſon gouvernement ; c'est ce que nous ferons à part. Il ſuffit de dire que ſes peuples, qui depuis la mort de Henri le Grand n'avoient point vû de véritable Roi, & qui déteſtoient l'empire d'un Premier Miniſtre, furent remplis d'admiration & d'eſpérance, quand ils virent Louis XIV faire à vingt-deux ans, ce que Henri avoit fait à cinquante. Si Henri IV avoit eû un Premier Miniſtre c), il eût été perdu, parce que la haine contre un particulier

---

des Conſeils qui convienne à la France. La métode des rapports est ſujette à mille inconvéniens. Le Roi peut-être mille fois ſurpris : chaque miniſtre est maitre dans ſon département ; le Prince est informé de tout & n'est informé à fonds de rien.

c) Si Henri IV eut eu une premier miniſtre, il n'eut pas été Henri IV. C'est la choſe impoſſible ; c'est comme ſi vous diſiez : ſi *le Roi de Pruſſe avoit un premier Miniſtre* !

culier eût ranimé vingt factions trop puissantes. Si Louis XIII n'en avoit pas eû, ce Prince, dont un corps foible & malade enervoit l'âme, eût succombé sous le poids. Louis XIV. pouvoit, sans péril, avoir ou n'avoir pas de Premier Ministre *d*). Il ne restoit pas la moindre trace des anciennes factions; il n'y avoit plus en France qu'un Maître, & des Sujets. Il montra d'abord qu'il ambitionnoit toute sorte de gloire, & qu'il vouloit être aussi consideré au dehors qu'absolu au dedans.

Les anciens Rois de l'Europe prétendent entre eux une entière égalité *e*), ce qui est

très

---

d) Cette proposition est vague & hazardée. Si Louis XIV. avoit eu un premier ministre, peut-être ce ministre eut-il perdu l'état: car l'auteur prétend que du caractére d'un seul homme dépend la destinée d'un empire. Peut-être sa roideur eut-elle ranimé les anciennes factions: peut-être ses fautes auroient elles été utiles à l'ennemi. Du moins Colbert & Louvois n'auroient ils pas fait le bien qu'ils ont fait. Placés les l'un après l'autre dans la premiere place: vous en faites des hommes médiocres: Colbert succombe sous le poids des grandes affaires. Louvois met le roïaume en feu par ses hauteurs & par son inflexibilité.

e) Mr. de Voltaire pouvoit ajouter, que les nouveaux Rois ont la même prétention: Le Roi de Sardaigne, le Roi de Prusse ne cederont jamais le pas à personne.

très naturel *f*); mais les Rois de France ont toûjours réclamé la préféance, que mérite l'antiquité de leur race & de leur roïaume *g*); & s'ils ont cédé aux Empereurs, c'est parce que les hommes ne sont presque jamais assez hardis pour renverser un long usage. Le chef de la République d'Allemagne, Prince électif & peu puissant par lui-même, a le pas sans contredit sur tous les Souverains, à cause de ce titre de César & d'héritier de Charlemagne *h*). Sa Chancellerie Allemande ne traitoit alors pas même les autres Rois de Majesté *i*). Les Rois France pouvoient disputer

f) Cela est plus extraordinaire que l'auteur ne s'imagine. Il y a des différences entre les particuliers; il y en a entre les souverains.

g) Mr. de Voltaire auroit pu ajouter; *l'antiquité de leur christianisme, l'étendue de leur puissance, la grandeur de leur empire, & ce titre de Majesté qu'ils ont pris les premiers de tous.*

h) Erreur. Ce chef a la primauté sur tous les autres princes, 1. Parce qu'autrefois il étoit leur maitre. 2. Parce qu'il est à la tête du plus puissant de tous les empires dont il représente la Majesté. 3. Parce qu'il a presque toujours joué le premier rôle en Europe. Le titre de César est le plus foible de ses titres, & nous ne voyons point que l'empereur de Russie s'en soit jamais servi pour prétendre la préséance.

i) Elle traite de *Majesté* le Roi de Prusse. Cette chance-

puter la préséance aux Empereurs, puisque la France avoit fondé le véritable Empire d'Occident, dont le nom seul subsiste en Allemagne. Ils avoient pour eux, non seulement la supériorité d'une couronne héréditaire sur une dignité élective, mais l'avantage d'être issus, par une suite non interrompuë, de Souverain qui regnoient sur une grande Monarchie, plusieurs siécles avant que dans le monde entier aucune des maisons qui possedent aujourd'hui des couronnes, fût parvenuë à quelque élevation. Ils vouloient au moins précéder les autres Puissances de l'Europe. On alléguoit en leur faveur le nom de Très-Chrétien. Les Rois d'Espagne opposoient le titre de Catholique; & depuis que Charles Quint avoit eu un Roi de France prisonnier à Madrid, la fierté espagnole étoit bien-loin de céder ce rang. Les Anglois & les Suédois, qui n'alléguent aujourd'hui aucun de ces surnoms, reconnoissent, le moins qu'ils peuvent, cette supériorité.

C'ÉTOIT à Rome que ces prétentions étoient autrefois débattuës: les Papes, qui

K 4   don-

---

chancelerie a tant perdu de ses hauteurs, qu'elle *ordonne* aux autres Electeurs, & qu'elle *requiert* celui de Brandebourg. Jugez de son respect pour la roïauté. Il étoit aisé à l'auteur de s'en éclaircir à Potzdam.

donnoient les Etats avec une Bulle, se croïoient à plus forte raison en droit de décider du rang entre les Couronnes. Cette Cour, où tout se passe en cérémonies, étoit le tribunal où se jugeoient ces vanités de la grandeur. La France y avoit eû toûjours la supériorité, quand elle étoit plus puissante que l'Espagne; mais depuis le regne de Charles-Quint, l'Espagne n'avoit négligé aucune occasion de se donner l'égalité. La dispute restoit indécise; un pas de plus ou de moins dans une Procession, un fauteüil placé près d'un Autel, ou vis-à-vis la Chaire d'un Prédicateur, étoient des triomphes, & établissoient des titres pour cette prééminence. La chimére du point d'honneur étoit extréme alors sur cet article entre les couronnes, comme les duëls entre les particuliers k).

1661. Il arriva qu'à l'entrée d'un Ambassadeur de Suéde à Londres, le Comte d'Estrade Ambassadeur de France, &, le Baron de Watteville Ambassadeur d'Espagne, se disputérent le pas l). L'Espagnol, avec plus d'argent

k) Tout ce morceau sur l'égalité des couronnes est trop long & écrit d'une maniere embarassée.
l) L'auteur omet une circonstance bien intéressante. Charles second prévoïoit toutes les conséquences de cette dispute: il tâcha de la préve-

gent & une plus nombreuse suite, avoit gagné la populace angloise; il fait d'abord tuer les chevaux des carosses François, & bientôt les gens du Comte d'Estrade, blessés & dispersés, laissèrent les Espagnols marcher l'épée nuë comme en triomphe.

Louis XIV, informé de cette insulte, rappella l'Ambassadeur qu'il avoit à Madrid, fit sortir de France celui d'Espagne, rompit les Conférences qui se tenoient encor en Flandre au sujet des limites, & fit dire au Roi Philippe IV son beau-pere, que s'il ne reconnoissoit la supériorité de la couronne de France, & ne réparoit cet affront par une satisfaction solennelle, la guerre alloit recommencer m) Philippe IV ne voulut pas replonger son Roiaume dans une guerre nouvelle, pour la préséance d'un Ambassadeur: il envoïa le Comte de Fuentes déclarer au Roi à Fontainebleau, en présence de tous les Mi-

24. Mars 1662.

prévenir. Louis XIV ordonna à son ministre de prendre absolument le pas sur l'Espagnol. D'Estrade cherche l'occasion, Watteville la fuit; d'Estrade le cherche obstinément, & l'oblige à prendre ses mesures & à préparer son triomphe.

m) Un historien sage auroit par une courte réflexion marqué son sentiment sur cette puérile ambition. Louis XIV demandoit une satisfaction solennelle & n'obtint pas même un desaveu.

nistres étrangers, qui étoient en France, *que les Ministres Espagnols ne concourroient plus dorénavant avec ceux de France.* Ce n'en étoit pas assez pour reconnoître nettement la prééminence du Roi ; mais c'en étoit assez pour un aveu authentique de la foiblesse espagnole. Cette Cour encor fiére, murmura longtems de son humiliation. Depuis, plusieurs Ministres Espagnols ont renouvellé leurs anciennes prétentions : ils ont obtenu l'égalité à Nimégue ; mais Louis XIV acquit alors, par sa fermeté, une supériorité réelle dans l'Europe, en faisant voir combien il étoit à craindre.

A peine sorti de cette petite affaire avec tant de grandeur, il en marqua encor davantage dans une occasion, où sa gloire sembloit moins intéressée. Les jeunes François, dans les guerres faites depuis long-tems en Italie contre l'Espagne, avoient donné aux Italiens circonspects & jaloux, l'idée d'une nation impétueuse. L'Italie regardoit toutes les nations, dont elle étoit inondée, comme des barbares, & les François comme des barbares plus gais que les autres mais plus dangereux, qui portoient dans toutes les maisons les plaisirs avec le mépris, & la débauche avec l'insulte. Ils étoient craints partout, & surtout à Rome.

Le Duc de Créqui, Ambassadeur auprès du Pape, avoit révolté les Romains par sa hauteur: ses domestiques, gens qui poussent toujours à l'extrémité les défauts de leur maître, commettoient dans Rome les mêmes désordres que la jeunesse indisciplinable de Paris, qui se faisoit alors un honneur d'attaquer toutes les nuits le guet qui veille à la garde de la ville.

Quelques laquais du Duc de Créqui s'aviserent de charger l'épée à la main une escouade des Corses (ce sont les archers de Rome) & mirent en fuite ces misérables *n*). Tout le corps des Corses, offensé & secrettement animé par Dom Mario Chigi frere du Pape Alexandre VII, qui haïssoit le Duc de Créqui, vint en armes assiéger la maison de l'Ambassadeur. Ils tirerent sur le carosse de l'Ambassadrice qui rentroit alors dans son palais, ils lui tuerent un page, & blesserent plusieurs domestiques. Le Duc de Créqui sortit de Rome, accusant les parens du Pape & le Pape lui-même, d'avoir favorisé cet assassinat. Le Pape différa tant qu'il put la réparation, persuadé qu'avec les François il n'y a qu'à temporiser, & que tout s'oublie. Il fit pendre un Corse & un Sbire au bout de

20. Août 1662.

---

n) C'est ainsi que Créqui s'exprimoit dans ses plaintes: les Romains contoient le fait différemment.

de quatre mois, & il fit sortir de Rome le Gouverneur, soupçonné d'avoir autorisé l'attentat : mais il fut consterné d'apprendre, que le Roi menaçoit de faire assiéger Rome, qu'il faisoit déja passer des troupes en Italie, & le Maréchal Duplessis-Pralin étoit nommé pour les commandat. L'affaire étoit devenuë une querelle de nation à nation, & le Roi vouloit faire respecter la sienne. Le Pape, avant de faire la satisfaction qu'on demandoit, implora la médiation de tous les Princes Catholiques; il fit ce qu'il put pour les animer contre Louis XIV, mais les circonstances n'étoient pas favorables au Pape. L'Empire étoit attaqué par les Turcs : l'Espagne étoit embarassée dans une guerre peu heureuse contre le Portugal.

La Cour Romaine ne fit qu'irriter le Roi sans pouvoir lui nuire. Le Parlement de Province cita le Pape, & fit saisir le Comtat d'Avignon. Dans d'autres tems les excommunications de Rome auroient suivi ces outrages; mais c'étoit des armes usées, & devenuës ridicules *o* : il fallut que le Pape pliat, il fut forcé d'exiler de Rome son propre frere

o) Si peu *ridicules*, que ce fut presque un blaspheme de dire, que la crainte des excommunications injustes ne doit pas nous empêcher de faire notre devoir. Le ton carabiné ne va point aux choses saintes.

d'envoïer son neveu le Cardinal Chigi, en qualité de Légat *à latere*, faire satisfaction au Roi, de casser la Garde Corse, & d'élever dans Rome une Piramide, avec une inscription qui contenoit l'injure & la réparation. Le Cardinal Chigi fut le premier Légat de la Cour Romaine, qui fut jamais envoïé pour demander pardon Les Légats auparavant venoient donner des loix & imposer des décimes. Le Roi ne s'en tint pas à faire réparer un outrage par des cérémonies passagéres, & par des monumens qui le sont aussi; (car il permit quelques années après la destruction de la piramide;) mais il força la Cour de Rome à rendre Castro & Ronciglione au Duc de Parme, à dédommager le Duc de Modéne de ses droits sur Comacchio; & il tira ainsi d'une insulte, l'honneur solide d'être le Protecteur des Princes d'Italie.

En soûtenant ainsi sa dignité, il n'oublioit pas d'augmenter son pouvoir. Ses finances bien administrées par Colbert, le mirent en état d'acheter Dunkerque & Mardik du Roi d'Angleterre, pour cinq millions de livres, à vingt-six livres dix sols le marc. Charles II, prodigue & paûvre, eut la honte de vendre le prix du sang des Anglois. Son Chancelier Hide, accusé d'avoir ou conseillé ou souffert cette foiblesse, fut banni depuis

par

27.
Octob.
1662.
par le Parlement d'Angleterre, qui punit souvent les fautes des favoris, & qui quelquefois même juge ses Rois.

1663.
LOUIS fit travailler trente-mille hommes à fortifier Dunkerque du côté de la terre & de la mer. On creusa, entre la ville & la citadelle un bassin capable *p* de contenir trente vaisseaux de guerre; de sorte qu'à peine les Anglois eurent vendu cette ville, qu'elle devint l'objet de leur terreur.

30.
Août
1663.
QUELQUES tems après, le Roi força le Duc de Lorraine à lui donner la forte ville de Marsal. Ce malheureux Charles IV, guerrier assez illustre, mais Prince foible, inconstant & imprudent *q*), venoit de faire un traité, par lequel il donnoit la Lorraine à la France après sa mort, à condition que le Roi lui permettroit de lever un million sur l'Etat qu'il abandonnoit, & que les Princes du sang de Lorraine seroient réputés Princes du sang de France. Ce Traité, vainement vérifié au Parlement de Paris, ne servit qu'à produire de nouvelles inconstances dans le Duc de Lorraine; trop heureux ensuite

p) Corrigez ces petites fautes.

q) L'auteur a pris ce coup de pinçeau d'une des pages qui précédent. Quand il ne vole pas les autres, il faut qu'il se vole lui-même.

JUSQU'A 1661.

fuite de donner Marfal, & de fe remettre à la clémence du Roi.

LOUIS augmentoit fes Etats même pendant la paix, & fe tenoit toûjours prêt pour la guerre, faifant fortifier fes frontiéres, tenant fes troupes dans la difcipline, augmentant leur nombre, faifant des revuës fréquentes.

LES Turcs étoient alors très-redoutables en Europe: ils attaquoient à la fois l'Empereur d'Allemagne & les Vénitiens. La politique des Rois de France a toûjours été, depuis François Premier, d'être Alliés des Empereurs Turcs, non feulement pour les avantages du commerce, mais pour empêcher la maifon d'Autriche de trop prévaloir *r*). Cependant un Roi Chrétien ne pouvoit refufer du fecours à l'Empereur trop en danger, & l'intérêt de la France étoit bien, que les Turcs inquiétaffent la Hongrie, mais non pas qu'ils l'envahiffent *t*, & enfin fes Traités avec l'Empire lui faifoient un devoir de cette démarche honorable. Il envoïa donc fixmille hommes en Hongrie, fous les ordres du Comte de Coligni, feul refte de la maifon de Coligni autrefois fi célébré dans nos guerres civiles, & qui mérite peut-être une

auffi

---

r) Expreffion plus latine que françoife.

t) Il falloit dire; qu'ils *envahiffent la Hongrie; mais non pas qu'ils la conservaffent.*

aussi grande renommée que cet Amiral; par son courage & par sa vertu *u*). L'amitié l'avoit attaché au grand Condé, & toutes les offres du Cardinal Mazarin n'avoient jamais pu l'engager à manquer à son ami. Il mena avec lui l'élite de la Noblesse de France, & entre autres le jeune La Feuillade, homme entreprenant, & avide de gloire & de fortune. Ces François allèrent servir en Hongrie sous le Général Montécuculi. qui tenoit tête alors au Grand-Visir Kiuperli, & qui depuis en servant contre la France, balança la réputation de Turenne. Il y eut un grand combat à Saint-Gothard au bord du Raab, entre les Turcs & l'Armée de l'Empereur. Les François y firent des prodiges de valeur; les Allemans même, qui ne les aimoient point, furent obligés de leur rendre justice. Mais ce n'est pas la rendre aux Allemans, de dire, comme on a fait dans tant de livres, que les François eurent seuls l'honneur de la victoire.

Août 1664.

LE ROI, en mettant sa grandeur à secourir

---

u) Le public est donc bien injuste; car qui connoit ce Comte? & qui ne connoit pas cet Amiral dont le cure-dent fesoit trembler Catherine, les Guises, & l'armée? L'auteur jette par-ci par-là des paradoxes, qui font oublier son principal objet, & qui approfondis sont ordinairement faux.

JUSQU'À 1666. 161

...ourir ouvertement l'Empereur, & à donner ...e l'éclat aux armes françoises, mettoit sa ...olitique à soûtenir secrettement le Portu-...gal contre l'Espagne. Le Cardinal Mazarin ...voit abandonné formellement les Portugais ...ar le Traité des Pirénées ; mais l'Espagnol ...voit fait plusieurs petites infractions tacites ... la paix *x*). Le François en fit une har-...die & décisive: le Maréchal de Schomberg, ...tranger & huguenot, passa en Portugal avec ...quatre-mille soldats François, qu'il païoit ...de l'argent de Louis XIV, & qu'il feignoit ...de soudoïer au nom du Roi Portugais *y*). Ces quatre mille soldats François, joints aux trou-pes Portugaises, remportérent à Ville Vicio-sa une victoire complette, qui affermit le trône dans la maison de Bragance. Ainsi Louis XIV passoit déja pour un Prince guer-rier & politique, & l'Europe le redoutoit même avant qu'il eût encor fait la guerre.

17. Juin 1665.

CE fut par cette politique, qu'il évita malgré ses promesses, de joindre le peu de vaisseaux qu'il avoit alors, aux Flottes Hol-landoises. Il s'étoit allié avec la Hollande en 1662. Cette République, environ ce tems-là, recommença la guerre contre l'Angleter-

Tome I. L re,

x) Y-a-t'il là du goût? Voilà ce que c'est que de vouloir tout dire avec esprit!

y) On ne dit point *le roi Portugais*. Corrigez cela de même que *le Hollandois Ruyter*.

re, au sujet du vain & bizarre honneur du pavillon, & du droit réel de son commerce dans les Indes. Louis voïoit avec plaisir ces deux puissances maritimes, mettre en mer tous les ans, l'une contre l'autre, des flottes de plus de cent vaisseaux, & se détruire mutuellement par les batailles les plus opiniâtrées qui se soient jamais données, dont tout le fruit étoit l'affoiblissement des deux partis. Il s'en donna une qui dura trois jours entiers. Ce fut dans ces combats, que le Hollandois Ruiter acquit la réputation du plus grand homme de mer qu'on eût vu encor. Ce fut lui qui alla brûler les plus beaux vaisseaux d'Angleterre jusques dans ses ports à quatre lieuës de Londres. Il fit triompher la Hollande sur les mers, dont les Anglois avoient toûjours eû l'empire, & où Louis XIV. n'étoit rien encore.

La domination de l'Océan étoit partagée depuis quelque tems entre ces deux nations. L'art de construire les vaisseaux, & de s'en servir pour le commerce & pour la guerre, n'étoit bien connu que d'elles. La France, sous le ministére de Richelieu, se croioit puissante sur mer, parce que d'environ soixante vaisseaux ronds que l'on comptoit dans ses ports, elle pouvoit en mettre en mer environ trente, dont un seul portoit soixante-

& dix canons. Sous Mazarin, on acheta
les Hollandois le peu de vaisseaux que l'on
voit. On manquoit de matelots, d'Officiers, de manufactures, pour la construction & pour l'équipement. Le Roi entreprit de réparer les ruines de la marine, &
de donner à la France tout ce qui lui manquoit, avec une diligence incroïable : mais
en 1664. & 1665, tandis que les Anglois
& les Hollandois couvroient l'océan de près
de trois-cent gros vaisseaux de guerre, il n'en
avoit encor que quince ou seize du dernier
rang, que le Duc de Beaufort occupoit contre les Pirates de Barbarie ; & lorsque les
États-Généraux présèrent Louis XIV de joindre sa flotte à la leur, il ne se trouva dans
le port de Brest qu'un seul brûlot, qu'on eut
honte de faire partir, & qu'il fallut pourtant
leur envoïer sur leurs instances réitérées. Ce
fut une honte, que Louis XIV s'empressa
bien vîte d'effacer.

Il donna aux États un secours de ses forces de terre, plus essentiel & plus honorable.
Il leur envoïa six-mille François, pour les
défendre contre l'Evêque de Münster, Chri-
stofle-Bernard de Gaalen, Prélat guerrier &
ennemi implacable, soudoïé par l'Angleterre
pour désoler la Hollande. Mais il leur fit
païer chèrement ce secours, & les traita

com-

comme un homme puissant, qui vend sa protection à des marchands opulens. Colbert mit sur leur compte, non seulement la solde de ces troupes, mais jusqu'aux frais d'une Ambassade envoïée en Angleterre, pour conclure leur paix avec Charles II. Jamais secours ne fut donné de si mauvaise grace, ni reçu avec moins de reconnoissance.

Le Roi aïant ainsi aguerri ses troupes & formé de nouveaux Officiers en Hongrie, en Hollande, en Portugal, respecté & vengé dans Rome, ne voïoit pas un seul Potentat qu'il dût craindre. L'Angleterre ravagée par la peste, Londres réduite en cendres par un incendie attribué injustement aux Catholiques; la prodigalité & l'indigence continuelle de Charles Second, aussi dangereuses pour ses affaires que la contagion & l'incendie, mettoient la France en sureté des Anglois. L'Empereur réparoit à peine l'épuisement d'une guerre contre les Turcs. Le Roi d'Espagne Philippe IV mourant, & sa Monarchie aussi foible que lui, laissoient Louis XIV le seul puissant & le seul redoutable. Il étoit jeune, riche, bien servi, obeï aveuglement, & marquoit l'impatience de se signaler & d'être Conquerant. z)

CHA-

z) Tout ce chapitre a la maigreur & la vivacité
de

CHAPITRE SEPTIEME

Conquête de la Flandre.

L'Occasion se présenta bientôt à un Roi qui la cherchoit *a*). Philippe IV son beau-père mourut: il avoit eû de sa première femme, sœur de Louis XIII, cette Princesse Marie-Thérése mariée à son cousin Louis XIV; mariage, par lequel la Monarchie Espagnole est enfin tombée dans la maison de Bourbon, si longtems son ennemie. De son second mariage avec Marie-Anne d'Autriche, il avoit eû Charles Second, enfant foible & mal-sain, heritier de sa couronne & seul reste de trois enfans mâles, dont deux étoient morts en bas âge. Louis XIV. prétendit, que la Flandre & la Franche-Comté, provinces du Roïaume d'Espagne, devoient, selon la Jurisprudence de ces Provinces, revenir à sa femme, malgré sa renonciation. Si les causes des Rois pouvoient se juger par les loix des na-

tions

de l'auteur. Il ressemble à cette monarchie, qu'il dit être aussi foible que son Roi malade.

a) Que diroit Mr. de Voltaire de quelqu'un qui commenceroit ainsi un chapitre. *L'occasion se présenta bientot: il étoit roi; il la cherchoit: il trouveroit ce début plaisant. Tu es ille vir.*

tions à un tribunal défintéreffé, l'affaire e[ût]
été un peu douteufe.

Louis fit examiner fes droits par fo[n]
Confeil & par des Theologiens, qui les jugè[-]
rent inconteftables ; mais le Confeil & l[e]
Confeffeur de la veuve de Philippe IV l[es]
trouvoient bien mauvais. Elle avoit pou[r]
elle une puiffante raifon, la loi expreffe d[e]
Charles-Quint ; mais les loix de Charle[s]
Quint n'étoient guéres fuivies par la Cour d[e]
France.

Un de ces prétextes, que prenoit le Con[-]
feil du Roi, étoit, que les cinq-cent-mill[e]
écus donnés en dot à fa femme, n'avoien[t]
point été paiés ; mais on oublioit, que la do[t]
de la fille de Henri IV, ne l'avoit pas ét[é]
davantage. La France & l'Efpagne combatti[-]
rent d'abord par des écrits, où l'on étala de[s]
calculs de Banquier & des raifons d'Avocat[;]
mais la feule raifon d'Etat étoit écoutée.

1667. Le Roi, comptant encor plus fur fe[s]
forces que fur fes raifons, marcha en Flandre[e]
à des Conquêtes affurées. Il étoit à la têt[e]
de trente cinq-mille hommes : un autre corps
de huit-mille fut envoié vers Dunkerque ; u[n]
de quatre-mille vers Luxembourg Turenn[e]
étoit fous lui le Général de cette armée. Col[-]
bert avoit multiplié les reffources de l'Etat,
pour fournir à ces dépenfes. Louvois, nou[-]
veau

veau Ministre de la guerre, avoit fait des préparatifs immenses pour la campagne. Des magazins de cette espéce étoient distribués sur la frontiére. Il introduisit le premier cette méthode avantageuse, que la foiblesse du gouvernement avoit jusqu'alors renduë impraticable, de faire subsister les armées par magazin: quelque siége que le Roi voulût faire, de quelque côté qu'il tournat ses armes, les secours & les subsistances étoient prêtes, les logemens des troupes marqués, leurs marches réglées *b*). La discipline, renduë plus sévére de jour en jour par l'austérité inflexible du Ministre, enchainoit tous les Officiers à leur devoir. La présence d'un jeune Roi, l'Idole de son armée, leur rendoit la dureté de ce devoir aisée & chére. Le grade militaire commença dès-lors à être un droit beaucoup au dessus de celui de la naissance *c*).

L 4 Les

---

b) Cela seroit bien beau, si cela étoit vrai. Louvois pouvoit prévoir les besoins, les premiers besoins; mais il ne pouvoit prévoir les seconds, les événemens, les caprices. Le plan dépendoit de sa prudence; mais les secondes mesures dépendoient du succés qui dépend toujours autant de la fortune que de la sagesse.

c) Ce droit du grade militaire, supérieur à la naissance, n'a jamais existé parmi nous, & s'il plait à Dieu n'existera jamais. Il éteindroit

Les services, & non les aïeux, furent comptés, ce qui ne s'étoit guéres vu encore. Par là l'Officiers de la plus médiocre naissance fut encouragé, sans que ceux de la plus haute eussent à se plaindre. L'infanterie, sur qui tomboit tout le poids de la guerre depuis l'inutilité connuë des lances, partagea les récompenses, dont la cavalerie étoit en possession. Des maximes nouvelles dans le gouvernement inspiroient un nouveau courage.

Le Roi, entre un Chef & un Ministre également habiles, tous deux jaloux l'un de l'autre & ne l'en servant que mieux *d*) suivi des meilleures troupes de l'Europe, enfin ligué

droit insensiblement l'honneur. Il ne peut pas exister, parce que tous les gentilshommes sont égaux, & presque tous les officiers gentilshommes.

d) Turenne & Louvois étoient ennemis; il y avoit entre eux plus de haine que de jalousie. Il est bien difficile, que quand le ministre & le général ne s'accordent pas, les choses aillent mieux. L'ordre du cabinet est sans cesse en contradiction avec l'ordre du moment. Louvois eut bien mieux servi Louis, s'il avoit donné de plus grandes armées à Turenne, s'il lui avoit permis de pousser ses conquêtes en Allemagne. Il auroit donc fallu dire ; *jaloux l'un de l'autre, & en servant moins bien*. Mais cela n'auroit point été brillant.

qué de nouveau avec le Portugal, attaquoit avec tous ces avantages une province mal défenduë d'un roïaume ruiné & déchiré. Il n'avoit à faire qu'à sa belle mere, femme foible dont le gouvernement malheureux laissoit la Monarchie Espagnole sans défense. La veuve de Philippe IV avoit pris pour son Premier Ministre, un Jesuite Allemand son Confesseur, nommé le Pere Nitard, homme aussi capable de dominer sur sa pénitente, qu'incapable de gouverner un Etat, n'aïant rien d'un Ministre & d'un Prêtre, que la hauteur & l'ambition. Il osa dire un jour au Duc de Lerme, même avant de gouverner: *C'est vous qui me devez du respect, puisque j'ai tous les jours votre Dieu dans mes mains, & votre Reine à mes pieds.* Avec cette fierté si contraire à la vraie grandeur d'esprit, il laissoit le trésor sans argent, les places de toute la Monarchie en ruine, les ports sans vaisseaux, les armées sans discipline, destituées de chefs, mal païées, & plus mal conduites devant un ennemi, qui avoit tout ce qui manquoit à l'Espagne.

L'ART d'attaquer les places comme aujourd'hui, n'étoit pas encor perfectionné, parce que celui de les biens fortifier & de les bien défendre, étoit plus ignoré. Les frontiéres de la Flandre Espagnole étoient
presque

presque sans fortifications & sans garnisons.

LOUIS n'eut qu'à se présenter devant elles. Il entra dans Charleroi, comme dans Paris; Ath, Tournai, furent prises en deux jours; Furnes, Armentiéres, Courtrai, ne tinrent pas davantage. Il descendit dans la tranchée devant Douai, & elle se rendit le lendemain. Lille, la plus florissante ville de ce païs, la seule bien fortifiée, & qui avoit une garnison de six-mille hommes, capitula après neuf jours de siége. Les Espagnols n'avoient que huit-mille hommes à opposer à l'Armée victorieuse : encore l'arriére-garde de cette petite armée fut elle taillée en piéces par le Marquis, depuis Maréchal de Créqui. Le reste se cacha sous Bruxelles & sous Mons, laissant le Roi vaincre sans combattre.

6. Juillet,
17. Août 1667.

CETTE campagne, faite au millieu de la plus grande abondance, parmi des succès si faciles, parut le voïage d'une Cour. La bonne chére, le luxe & les plaisirs s'introduirent alors dans nos armées, dans le tems même que la discipline s'affermissoit. Les Officiers faisoient le devoir militaire beaucoup plus exactement, mais avec des commodités plus recherchées. Le Maréchal de Turenne n'avoit eû longtems que des assiettes de fer en campagne. Le Marquis d'Humiéres fut
le

premier, au siége d'Arras en 1658, qui se fit servir en vaisselle d'Argent à la tranchée, & qui y fit manger des ragoûts & des entremets. Mais dans cette campagne de 1667, où un jeune Roi aimant la magnificence, étaloit celle de sa Cour dans les fatigues de la guerre, tout le monde se piqua de somptuosité & de goût dans la bonne chére, dans les habits, dans les équipages. Ce luxe, la marque certaine de la richesse d'un grand Etat, & souvent la cause de la décadence d'un petit *e*), étoit cependant encor très peu de chose, auprès de celui qu'on a vu depuis. Le Roi, ses Généraux & ses Ministres, alloient au rendez vous de l'Armée à cheval, aulieu qu'aujourd'hui il n'y a point de Capitaine de cavalerie, ni de Secrétaire d'un Officier Général, qui ne fasse ce voiage en chaise de poste avec des glaces & des ressorts, plus commodément & plus tranquilement, qu'on ne faisoit alors une visite dans Paris d'un quartier à un autre.

LA délicatesse des Officiers ne les empêchoit

e) C'est une marque fort équivoque. J'aimerois mieux dire ; *le luxe, marque de la richesse d'un état & toujours la cause de la decadence d'un petit & d'un grand*. *Luxum mox pariturum egestatem*, disoit Florus, qui vivoit dans un païs enrichi des dépouilles de tout l'univers.

choit point alors d'aller à la tranchée, avec [le] pot en tête & la cuirasse sur le dos. Le R[oi] en donnoit l'exemple: il alla ainsi à la tran[-]chée devant Douai & devant Lille. Cett[e] conduite sage conserva plus d'un grand hom[-]me. Elle a été trop négligée depuis par d[es] jeunes gens peu robustes, pleins de valeu[r] mais de mollesse, & qui semblent plus crain[-]dre la fatigue que le danger.

LA rapidité de ces conquêtes remplit d'al[-]larmes Bruxelles; les citoïens transportoient déja leurs effets dans Anvers, la conquête de la Flandre entiére pouvoit être l'ouvrag[e] d'une campagne. Il ne manquoit au Ro[i] que des troupes assez nombreuses, pour gar[-]der les places, prêtes à s'ouvrir à ses armes. Louvois lui conseilla de mettre de grosses garnisons dans les villes prises, & de les for[-]tifier *f*). Vauban, l'un de ces grands hom[-]mes & de ces génies qui parurent dans ce siécle pour le service de Louis XIV, fu[t] chargé de ces fortifications. Il les fit suivant

sa

---

f) Il est clair que Louvois servoit mal, il vou[-]loit avoir des gouvernemens, des majorités à donner. Y avoit-il du bon sens à s'affoi[-]blir, à diviser ses forces en gardant des pla[-]ces par de nombreuses garnisons? Remarquez que Louvois par ces dispositions augmentoit son pouvoir & diminuoit celui des généraux:

Il y trouvoit double profit à faire; son bien premiérement, & puis le mal d'autrui.

méthode nouvelle, devenuë aujourd'hui régle de tous les bons Ingénieurs g). On [f]ut étonné de ne voir plus les places revêtuës [q]ue d'ouvrages presque au niveau de la cam[p]agne. Les fortifications hautes & menaçan[t]es n'en étoient que plus exposées à être fou[d]roïées par l'artillerie: plus il les rendit ra[s]antes, moins elles étoient en prise. Il con[st]ruisit la citadelle de Lille sur ces principes. [O]n n'avoit point encor en France détaché [l]e gouvernement d'une ville de celui de la [f]orteresse. L'exemple commença en faveur [d]e Vauban : il fut le premier Gouverneur [d]'une citadelle. On peut encor observer, [q]ue le premier de ces plans en relief qu'on [v]oit dans la galerie du Louvre, fut celui des [f]ortifications de Lille.

1668.

Le Roi se hâta de venir jouir des acclamations des peuples, des adorations de ses courtisans & de ses maîtresses; & des fêtes qu'il donna à sa cour h).

CHA-

g) La méthode de Vauban n'étoit pas à lui ; c'étoit un Hollandois qui en avoit été l'inventeur, & qui n'avoit pu être emploié par sa patrie.

h) Ce chapitre doit être refait. Il a l'air d'avoir été composé dans un tems, ou l'auteur étoit fort jeune, & de n'avoir été que foiblement retouché dans un âge où il avoit aquis plus de connoissances historiques. Du reste, il est
bien

CHAPITRE HUITIEME.

*Conquête de la Franche-Comté: Pa[ix]
d'Aix la Chapelle.*

ON étoit plongé dans les divertissem[ens] à Saint-Germain *a*), lorsqu'au cœu[r]
1668. de l'hiver au mois de Janvier, on fut étonn[é] de voir des troupes marcher de tous côtés, aller & revenir sur les chemins de la Champagne, dans les trois Evêchez: des trains d'artillerie, des chariots de munitions, s'arrê[-]toient sous divers prétextes, dans la rout[e] qui méne de Champagne en Bourgogne. Cette partie de la France étoit remplie d[e] mouvemens dont on ignoroit la cause. Le[s] étrangers par intérêt, & les courtisans pa[r] curiosité, s'épuisoient en conjectures; l'Allemagne étoit allarmée: l'objet de ces préparatifs & de ces marches irrégulières, étoit inconnu à tout le monde. Le secret dans les conspirations n'a jamais été mieux gardé, qu'il le fut dans cette entreprise de Louis XIV.
Enfin

bien écrit, ce me semble. Soit louanges, soi[t] critiques, je ne décide rien, ce sont des dout[es] que je propose.

a) On dit, *être plongé dans les plaisirs*; mai[s] on ne dit pas, que je sache, *être plongé dan[s] les divertissemens.*

Enfin le 2 de Février il part de Saint-Germain, avec le jeune Duc d'Enguien fils du grand Condé, & quelques courtisans: les autres Officiers étoient au rendez-vous des troupes. Il va à cheval à grandes journées, & arrive à Dijon. Vingt-mille hommes, assemblés de vingt routes différentes, se trouvent le même jour en Franche-Comté à quelques lieuës de Besançon. & le grand Condé paroît à leur tête, aïant pour son principal Lieutenant-Général, Bouteville-Montmorenci son ami, devenu Duc de Luxembourg, toujours attaché à lui dans la bonne & dans la mauvaise fortune. Luxembourg étoit l'éléve de Condé dans l'art de la guerre; & il obligea à force de mérite, le Roi qui ne l'aimoit pas, à l'emploïer.

TEL étoit le nœud de cette entreprise imprévuë: le Prince de Condé étoit jaloux de la gloire de Turenne, & Louvois de sa faveur auprès du maître; Condé étoit jaloux en heros & Louvois en Ministre *b*) Le Prince, Gouverneur de la Bourgogne qui touche à la Franche-Comté avoit formé le dessein de s'en rendre maître en hiver, en moins de tems que Turenne n'en avoit mis l'été dernier à conquérir la Flandre Françoise. Il communiqua d'abord son projet à Louvois, qui l'embrassa

---

b) La premiere pensée est fausse; & la seconde ne peut être vraie.

brassa avidement, pour éloigner & rendre inutile Turenne, & pour servir en même tems son maître.

Cette province assez pauvre alors en argent, mais très-fertile, bien peuplée, étendue en long de quarante lieuës, & large de vingt, avoit le nom de Franche, & l'étoit en effet. Les Rois d'Espagne en étoient plûtôt les protecteurs que les maîtres. Quoique ce païs fût du Gouvernement de la Flandre, il n'en dépendoit que peu. Toute l'administration étoit partagée & disputée entre le Parlement & le Gouverneur de la Franche-Comté. Le peuple jouissoit de grands priviléges, toujours respectés par la Cour de Madrid, qui ménageoit une province jalouse de ses droits, & voisine de la France c). Jamais peuple ne vécut sous un gouvernement plus doux, & ne fut si attaché à ses Souverains d). Leur amour pour la maison d'Autriche s'est conservé pendant deux générations. Mais cet amour étoit plûtôt celui de leur liberté.

Enfin

---

c) A peu près comme ceux de la Castille. Il y avoit un tems infini que cette province se plaignoit du peu de respect qu'on avoit à Madrid pour ses droits. Le gouverneur les vexoit de mille manieres.

d) Pourquoi le peuple, ici si fidele à ses Souverains se vend-il à si bas prix à un Prince étranger dans la page suivante.

ENFIN la Franche-Comté étoit heureuse, mais pauvre; & puisqu'elle étoit une espéce de République, il y avoit des factions. Quoi qu'en dise Pélisson, on ne se borna pas à emploïer la force.

On gagna d'abord quelques citoïens par des présens & des espérances. On s'assura l'Abbé Jean de Batteville, frere de celui qui aïant insulté à Londres l'Ambassadeur de France, avoit procuré par cet outrage, l'humiliation de la branche d'Autriche Espagnole. Cet Abbé, autrefois Officier, puis Chartreux, puis Turc, & enfin Ecclesiastique, eut parole d'être Grand-Doïen & d'avoir d'autres Bénéfices. On corrompit le Comte de Saint-Amour neveu du Gouverneur; & le Gouverneur lui-même, à la fin, ne fut pas inflexible. Quelques Conseillers de ce Parlement furent achetés peu cher. Ces intrigues secrettes, à peine commencées, furent soûtenuës par vingt-mille hommes. Besançon, la Capitale de la Province, est investie par le Prince de Condé: Luxembourg court à Salins; le lendemain Besançon ne demanda pour capitulation, que la conservation d'un saint Suaire, fort révéré dans cette ville; ce qu'on leur accorda très-aisément. Le Roi arrivoit à Dijon. Louvois, qui avoit volé sur la frontiére pour diriger toutes ces marches, vient lui apprendre, que ces deux villes sont assiégées & prises. Le Roi courut aussitôt se montrer à la fortune, qui faisoit tout pour lui.

Il alla assiéger Dole en personne. Cette place étoit réputée forte: elle avoit pour Commandant le Comte de Montrevel, homme de grand courage, fidéle par grandeur d'ame aux Espagnols qu'il haïssoit, & au Parlement qu'il méprisoit. Il n'avoit pour garnison, que quatre-cent soldats & les citoïens, & il ôsa se défendre. La tranchée ne fut point poussée dans les formes. A péine l'eut-on ouverte, qu'une foule de jeunes volontaires, qui suivoient le Roi, courut attaquer la contrescarpe & s'y logea. Le Prince de Condé, à qui l'âge & l'experience avoient donné un courage tranquile, les fit soûtenir à propos, & partagea leur péril, pour les en tirer. Ce Prince étoit partout avec son fils, & venoit ensuite rendre compte de tout Roi, comme un Officier qui auroit eû sa fortune à faire. Le Roi, dans son quartier, montroit plûtôt la dignité d'un Monarque dans sa cour, qu'une ardeur impétueuse, qui n'étoit pas nécessaire. Tout le cérémonial de saint-Germain étoit observé. Il avoit son petit coucher, ses grandes, ses petites entrées, une salle

des

des audiences dans sa tente. Il ne tempéroit le faste du trône qu'en faisant manger à sa table ses Officiers-Généraux & ses Aides de camp *d*). On ne lui voïoit point dans les travaux de la guerre, ce courage emporté de François Premier & de Henri IV, qui cherchoient toutes les espéces de dangers. Il se contentoit de ne les pas craindre, & d'engager tout le monde à s'y précipiter pour lui avec ardeur. Il entra dans Dole au bout de quatre jours de siége, douze jours après son départ de Saint-Germain; & enfin en moins de trois semaines, toute la Franche-Comté lui fut soumise. Le Conseil d'Espagne, étonné & indigné du peu de resistance, écrivit au Gouverneur: „ que le Roi „ de France auroit dû envoïer ses laquais, „ prendre possession de ce païs, au lieu d'y „ aller en personne.

14. *Fevr.* 1668.

TANT de fortune & tant d'ambition réveillérent l'Europe assoupie; l'Empire commença à se remuer, & l'Empereur à lever des troupes. Les Suisses, voisins des Francs-Comtois, & qui n'ont de bien que leur liberté, tremblérent pour elle. Le reste de la

---

d) L'auteur a été séduit par ce qu'il voit à Potzdam, je gagerois bien que les aides de camp n'étoient ni à la table de Louis ni dans le manuscrit de Voltaire avant qu'il eut vu le Roi de Prusse.

la Flandre pouvoit être envahi au printems prochain. Les Hollandois, à qui il avoit toujours importé d'avoir les François pour amis, frémissoient de les avoir pour voisins. L'Espagne alors eut recours à ces mêmes Hollandois, & fut en effet protégée par cette petite nation, qui ne lui paroissoit auparavant que méprisable & rebelle.

LA Hollande étoit gouvernée par Jean de Witt e), qui dez l'âge de vingt-cinq ans avoit été élu Grand-Pensionnaire; homme amoureux de la liberté de son païs, autant que de sa grandeur personelle: assujetti à la frugalité & à la modestie de sa République, il n'avoit qu'un laquais & une servante, & alloit à pied dans la Haie, tandis que dans les négociations de l'Europe, son nom étoit compté avec les noms des plus puissans Rois: homme infatigable dans le travail, plein d'ordre, de sagesse, d'industrie dans les affaires, excellent citoïen, grand politique, & qui cependant fut depuis très-malheureux.

IL avoit contracté avec le Chevalier Temple,

e) On diroit que la Hollande étoit ou une monarchie soumise à un roi ou une république esclave d'un tiran. Cependant jamais la Hollande ne fut plus gouvernée par elle-même. Quant aux portraits de Witt & de Temple, voiez ceux de l'Abbé Raynal. Quelle différence!

ple, Ambassadeur d'Angleterre à la Haïe, une amitié bien rare entre des Ministres. Temple étoit un Philosophe, qui joignoit les lettres aux affaires; homme de bien, malgré les reproches que l'Evêque Burnet lui a faits d'athéisme; né avec le génie d'un sage Républicain, aimant la Hollande, comme son propre païs, parce qu'elle étoit libre, & aussi jaloux de cette liberté que le Grand-Pensionnaire lui-même. Ces deux citoïens s'unirent avec le Comte de Dhona Ambassadeur de Suéde, pour arrêter les progrès du Roi de France.

Ce tems étoit marqué pour les événemens rapides. La Flandre, qu'on nomme *Flandre Françoise*, avoit été prise en trois mois: la Franche Comté en trois semaines. Le Traité entre la Hollande, l'Angleterre & la Suéde, pour tenir la balance de l'Europe & réprimer l'ambition de Louis XIV, fut proposé & conclu en cinq jour *f*).

Louis XIV *g*) fut indigné, qu'un petit Etat, tel que la Hollande, conçût l'idée de borner ses conquêtes & d'être l'arbitre des Rois, & plus encor qu'elle *h*) en fût capable.

f) L'auteur donne des aîles aux couriers, & des pleins-pouvoirs aux ministres, à sa fantaisie.

g) On sait bien qu'il n'est ici question ni de Louis XIII, ni de Louis XV.

h) Il faut qu'il.

ble *i*). Cette entreprise des Provinces-Unies lui fut un outrage sensible, qu'il falut dévorer, & dont il médita dès-lors la vengeance.

TOUT ambitieux, tout puissant & tout irrité qu'il étoit, il détourna l'orage qui alloit s'élever de tous les côtés de l'Europe. Il proposa lui-même la paix. La France & l'Espagne choisirent Aix la Chapelle pour le lieu des Conférences, & le nouveau Pape Rospigliosi, Clément Neuf, pour médiateur.

LA Cour de Rome, pour décorer *k*) sa foiblesse d'un credit apparent, rechercha par toute sorte de moïens, l'honneur d'être l'arbitre entre les couronnes. Elle n'avoit pu l'obtenir au Traité des Pirénées; elle parut l'avoir au moins à la paix d'Aix la Chapelle. Un Nonce fut envoïé à ce Congrès, pour être un fantôme d'arbitre, entre des fantômes de Plenipotentiaires. Les Hollandois, déja jaloux de la gloire, ne voulurent point partager celle de conclure ce qu'ils avoient commencé. Tout se traitoit en effet à Saint-Germain, par le ministére de leur Ambassa-
- deur

i) Louis pouvoit être indigné du premier; mais il n'y avoit pas du bon sens à l'être du second; & Louis XIV en avoit. Voltaire fait de ce roi un Xerxes.

k) J'aimerois mieux *colorer*, *couvrir*, si je pouvois aimer ces sortes d'expressions.

deur Van-Beuning. Ce qui avoit été accordé en secret par lui, étoit envoïé à Aix la Chapelle, pour être signé avec appareil par les Ministres assemblés au Congrès. Qui eût dit trente ans auparavant, qu'un bourgeois de Hollande, obligeroit la France & l'Espagne à recevoir sa médiation?

CE Van-Beuning, Burguemestre d'Amsterdam, avoit la vivacité d'un François & la fierté d'un Espagnol. Il se plaisoit à choquer dans toutes les occasions, la hauteur impérieuse du Roi; & opposoit une inflexibilité républicaine, au ton de supériorité, que les Ministres de France commençoient à prendre. *Ne vous fiez-vous pas à la parole du Roi?* lui disoit Monsieur de Lionne dans une Conférence. *J'ignore ce que veut le Roi*, dit Van-Beuning; *je considére ce qu'il peut.* Enfin à la Cour du plus superbe Monarque du monde, un Bourguemestre conclut avec autorité une paix, par laquelle le Roi fut obligé de rendre la Franche-Comté. Les Hollandois eussent bien mieux aimé qu'il eût rendu la Flandre, & être delivrés d'un voisin si redoutable. Mais toutes les nations trouvérent, que le Roi marquoit assez de modération en se privant de la Franche-Comté *l*). Cependant il gagnoit da-

2. Mai 1668.

van-

────────

l) L'auteur a pris cette anecdote dans quelque
panégi-

vantage, en retenant les villes de Flandre & il s'ouvroit les portes de la Hollande, qu'il songeoit *m*) à détruire dans le temps qu'il lui cédoit *n*).

※※※※※※※※※※

CHAPITRE NEUVIEME.

Magnificence de LOUIS XIV. Conquête de la Hollande a).

LOUIS XIV, forcé de rester quelque tems en paix, continua comme il avoit commencé, à regler, à fortifier & embellir son Roïaume. Il fit voir qu'un Roi absolu, qui veut le bien *b*), vient à bout de tout sans peine. Il n'avoit qu'à commander; & les succès dans l'administration étoient

aussi

panégirique de college ou dans quelque discours d'académie.

m) Jamais Louis XIV. n'y songea. Il vouloit, comme le remarque très-bien le Marquis de la Fare, châtier la Hollande; il auroit dû penser à la prendre.

n) Tout ce petit chapitre est d'une secheresse à faire pitié.

a) Louis XIV ne conquît pas la Hollande; il l'envahît: il falloit donc mettre: *invasion de la Hollande.*

b) *Un roi absolu qui veut le bien* est un être de raison, & Louis XIV ne réalisa jamais cette chimére.

aussi rapides, que l'avoient été ses conquêtes. C'étoit une chose véritablement admirable, de voir les ports de mer, auparavant déserts & ruinés, maintenant entourés d'ouvrages, qui faisoient leur ornement & leur défense, couverts de navires & de matelots, & contenant déja près de soixante grands vaisseaux, qu'il pouvoit armer en guerre. De nouvelles colonies, protégées par son pavillon, partoient de tous côtés, pour l'Amérique, pour les Indes Orientales, pour les côtes de l'Afrique. Cependant en France, & sous ses yeux, des édifices immenses occupoient des milliers d'hommes, avec tous les arts que l'architecture entraine après elle; & dans l'intérieur de sa Cour & de sa Capitale, des Arts plus nobles & plus ingenieux donnoient à la France des plaisirs & une gloire, dont les siècles précédens n'avoient pas eû même l'idée. Les Lettres florissoient, le bon goût & la raison pénétroient dans les écoles de la barbarie. Tous ces détails de la gloire & de la félicité de la nation, trouveront leur véritable place dans cette histoire; il ne s'agit ici que des affaires générales & militaires.

LE Portugal donnoit en ce tems un spectacle étrange à l'Europe. Dom Alphonse, fils indigne de l'heureux Dom Jean de Bragance, y régnoit. Il étoit furieux & imbécile.

cile. Sa femme, fille du Duc de Nemours, amoureuse de Dom Pedre frere d'Alphonse, ôsa concevoir le projet de détrôner son mari & d'épouser son amant. L'abrutissement de son mari justifia l'audace de la Reine. Il étoit d'une force de corps au-dessus de l'ordinaire. Il avoit eû publiquement d'une courtisane, un enfant qu'il avoit reconnu. Enfin il avoit couché très longtems avec la Reine. Malgré tout cela, elle l'accusa d'impuissance; & aïant acquis dans le roïaume par son habileté, l'autorité que son mari avoit perduë par ses fureurs, elle le fit enfermer. Elle obtint bientôt de Rome une Bulle pour épouser son beau-frere. Il n'est pas étonnant que Rome ait accordé cette Bulle; mais il l'est, que des personnes toutes puissantes en aïent besoin. Cet événement, qui ne fit une révolution que dans la famille roïale & non dans le roïaume de Portugal, n'aïant rien changé aux affaires de l'Europe, ne mérite d'attention que par sa singularité.

Nov. 1667.

LA France reçut bientôt après, un Roi qui descendoit du trône d'une autre maniére. Jean Casimir Roi de Pologne renouvella l'exemple de la Reine Christine. Fatigué des embarras du gouvernement, & voulant vivre heureux, il choisit sa retraite à Paris, dans l'Abbaïe de Saint-Germain dont il fut Abbé,

Sept. 1668.

Abbé. Paris, devenu depuis quelques années le séjour de tous les arts, étoit une demeure délicieuse pour un Roi, qui cherchoit les douceurs de la société, & qui aimoit les lettres. Il avoit été Jesuite & Cardinal, avant d'être Roi ; & dégouté également de la roiauté & de l'église, il ne cherchoit qu'à vivre en particulier & en sage, & ne voulut jamais souffrir qu'on lui donnat à Paris le titre de Majesté *c*).

MAIS une affaire plus intéressante tenoit tous les Princes Chrétiens attentifs.

LES Turcs, moins formidables à la vérité que du tems des Mahomets, des Selims & des Solimans, mais dangereux encor & forts de nos divisions, assiégeoient depuis deux ans Candie, avec toutes les forces de leur Empire *d*). On ne sait s'il étoit plus étonnant, que les Vénitiens se fussent défendus si longtems, ou que les Rois de l'Europe les eussent abandonnés.

LES tems étoient bien changés. Autrefois, lorsque l'Europe Chrétienne étoit barbare, un Pape, ou même un Moine, envoioit des millions de Chrétiens combattre les Maho-

c) Ce Casimir étoit bien le plus petit esprit qu'ait produit une nation qui n'en produit guere de grands.

d) Ils n'avoient dans l'île de Candie que soixante mille hommes.

Mahométans dans leur Empire: nos Etats s'épuisoient d'hommes & d'argent, pour aller conquérir la misérable & stérile province de Judée; & maintenant que l'Ile de Candie, réputée le boulevard de la Chrétienté, étoit inondée de soixante-mille Turcs, les Rois Chrétiens regardoient cette perte avec indifférence. Quelques galéres de Malte & du Pape, étoient le seul secours, qui défendoit cette République contre l'Empire Ottoman. Le Sénat de Venise, aussi impuissant que sage, ne pouvoit, avec ses soldats mercenaires & des secours si foibles, resister au Grand-Visir Kiuperli, bon Ministre, meilleur Général, Maître de l'Empire de la Turquie, suivi de troupes formidables, & qui même avoit de bons ingénieurs *e*).

Le Roi donna inutilement aux autres Princes l'exemple de secourir Candie. Ses galeres, & les vaisseaux nouvellement construits dans le Port de Toulon, y portérent sept-mille hommes, commandés par le Duc de Beaufort: secours devenu trop foible dans un si grand danger, parce que la générosité Françoise ne fut imitée de personne.

LA

---

e) On ne sait pas trop ce que c'est qu'un général habile, un grand ministre, de bons ingénieurs, des troupes formidables, qui passent deux ans devant une place. V. crée ou anéantit les êtres à son gré.

LA Feüillade, simple Gentilhomme François, fit une action qui n'avoit d'exemple que dans les anciens tems de la Chevalerie. Il mena près de trois-cent Gentilshommes à Candie, à ses depens, quoiqu'il ne fût pas riche. Si quelqu'autre nation avoit fait pour les Vénitiens à proportion de la Feüillade, il est à croire que Candie eût été délivrée. Ce secours ne servit qu'à retarder la prise de quelques jours, & à verser du sang inutilement. Le Duc de Beaufort périt dans une sortie; & Kiuperli entra enfin par capitulation dans cette ville, qui n'étoit plus qu'un monceau de ruines.

16. Sept. 1669.

LES Turcs dans ce siége s'étoient montrés supérieurs aux Chrétiens même dans la connoissance de l'art militaire. Les plus gros canons qu'on eut vus encor en Europe, furent fondus dans leur camp. Ils firent, pour la prémiére fois, des lignes paralléles dans les tranchées. C'est d'eux, que nous avons appris cet usage; mais ils ne le tinrent que d'un Ingénieur Italien. Il est certain que des vainqueurs, tels que les Turcs, avec de l'expérience, du courage, des richesses, & cette constance dans le travail qui faisoit alors leur caractére, devoient conquérir l'Italie & prendre Rome en bien peu de tems. Mais les lâches Empereurs qu'ils ont eûs depuis,

leurs

leurs mauvais Généraux, & le vice de leur gouvernement, ont été le salut de la Chrétienté.

Le Roi, peu touché de ces événemens éloignés, laissoit meurir son grand dessein de conquérir tous les Païs-Bas *f*), & de commencer par la Hollande. L'occasion devenoit tous les jours plus favorable. Cette petite République dominoit sur les mers; mais sur la terre rien n'étoit plus foible. Liée avec l'Espagne & avec l'Angleterre, en paix avec la France, elle se reposoit avec trop de sécurité sur les Traités, & sur les avantages d'un commerce immense. Autant que ses armées navales étoient disciplinées & invincibles *g*), autant ses troupes de terre étoient mal tenuës & méprisables. Leur *h*) cavalerie n'étoit composée que de bourgeois, qui ne sortoient jamais de leur maisons, & qui païoient des gens de la lie dû peuple pour faire le service en leur place. L'infanterie étoit à-peu-près sur le même pied; les Officiers, les Commandans même des places

de

---

f) Louis XIV a toujours visé à être la terreur de l'Europe, jamais à en être le conquérant: & c'est là une de ses fautes.

g) Il ne sauroit y avoir des degrés dans *l'invincibilité*, si j'ôse m'exprimer ainsi sans craindre de faire une faute en en relevant une.

h) *Leur*: il faut, *sa*.

JUSQU'A 1673.

de guerre, étoient les enfans, ou les parens des Bourguemestres, nourris dans l'inexpérience i) & dans l'oisiveté, regardant leurs emplois, comme des Prêtres regardent leurs Bénéfices. Le Pensionnaire Jean de Witt avoit voulu corriger cet abus, mais il ne l'avoit pas assez voulu k), & ce fut une des grandes fautes de ce Républicain.

IL falloit d'abord détacher l'Angleterre de la Hollande. Cet appui venant à manquer aux Provinces-Unies, leur ruine paroissoit inévitable. Il ne fut pas difficile à Louis XIV d'engager Charles dans ses desseins. Le Monarque Anglois n'étoit pas à la vérité fort sensible à la honte que son regne & sa nation avoient reçuë, lorsque ses vaisseaux furent brulés jusques dans la riviére de la Tamise, par la flotte hollandoise. Il ne respiroit, ni la vengeance, ni les conquêtes. Il vouloit vivre dans les plaisirs, & regner avec un pouvoir moins gêné: c'est par là qu'on le pouvoit séduire. Louis, qui n'avoit qu'à parler alors pour avoir de l'argent, en promit beaucoup au Roi Charles, qui n'en pouvoit avoir sans son Parlement. Cette liaison

1670.

---

i) On est *nourri dans l'expérience.*

k) Il ne l'avoit pas pu. De With ne gouvernoit pas la Hollande, comme vous l'avez dit; il la conseilloit; il ne lui suffisoit pas *de vouloir*; il falloit que ses concitoïens voulussent.

son secrette entre les deux Rois ne fut confiée en France qu'à *Madame*, sœur de Charles Second & épouse de *Monsieur* frere unique du Roi, à Turenne & à Louvois.

UNE Princesse de vingt-six ans fut le Plénipotentiaire, qui devoit consommer ce traité avec le Roi Charles. On prit pour prétexte du passage de Madame en Angleterre, un voïage que le Roi voulut faire dans ses conquêtes nouvelles vers Dunkerque & vers Lille. La pompe & la grandeur des anciens Rois de l'Asie n'approchoient pas de l'éclat de ce voïage. Trente-mille hommes précédérent ou suivirent la marche du Roi: les uns destinés à renforcer les garnisons des païs conquis, les autres à travailler aux fortifications, quelques-uns à applanir les chemins. Le Roi menoit avec lui la Reine sa femme *l*), toutes les Princesses & les plus belles femmes de sa cour. Madame brilloit au milieu d'elles, & goûtoit dans le fond de son cœur le plaisir & la gloire de tout cet appareil, qui n'étoit que pour elle. Ce fut une fête continuelle depuis Saint-Germain jusqu'à Lille.

LE Roi, qui vouloit gagner les cœurs de ses nouveaux sujets, & éblouïr ses voisins, répandoit par-tout ses libéralités avec profusion, l'or & les pierreries étoient prodigues

---

l) J'aimerois autant; *Madame son épouse*: il n'y avoit plus de Reine douairière.

digués à quiconque avoit le moindre prétexte pour lui parler *m*). La Princesse Henriette s'embarqua à Calais, pour voir son frere, qui s'étoit avancé jusqu'à Cantorberi. Charles, séduit par l'amitié qu'il avoit pour sa sœur & par l'argent de la France, signa tout ce que Louis XIV voulut *n*), & prépara la ruine de la Hollande au milieu des plaisirs & des fêtes.

La perte de Madame, morte à son retour d'une maniére soudaine & affreuse, jetta des soupçons sur Monsieur, & ne changea rien aux résolutions des deux Rois. Les dépouilles de la République, qu'on devoit détruire, étoient déja partagées par le Traité secret, entre les Cours de France & d'Angleterre, comme en 1635 on avoit partagé la Flandre avec les Hollandois. Ainsi on change de vuës, d'alliés & d'ennemis, & on est souvent trompé dans tous ses projets *o*). Les bruits de cette entreprise prochaine commençoient à se répandre, mais l'Europe les écoutoit en silence. L'Empereur occupé

---

m) Où étions-nous alors, Monsieur de Voltaire? Que de prétextes! & que de pierreries! Le bon tems, où un rouleau de Louis étoit le prix d'un mot! Ne trouvez-vous pas, comme moi, que c'est-là tout ce qu'il y a de plus beau dans la vie de Louis XIV?

n) Pas tout à fait.

des séditions de la Hongrie, la Suéde endormie par des négociations, l'Espagne toûjours foible, toûjours irrésoluë & toûjours lente, laissoient une libre carriére à l'ambition de Louis XIV.

La Hollande, pour comble de malheur, étoit divisée en deux factions; l'une, des Républicains rigides, à qui toute ombre d'autorité despotique sembloit un monstre contraire aux loix de l'humanité; l'autre, des Républicains mitigés, qui vouloient établir dans les charges de ses ancêtres le jeune Prince d'Orange, si célèbre depuis sous le nom de Guillaume Trois. Le Grand-Pensionnaire Jean de Witt & Corneille son frere étoient à la tête des partisans austéres de la liberté : mais le parti du jeune Prince commençoit à prévaloir. La République, plus occupée de ses dissensions domestiques que de son danger, contribuoit elle-même à sa ruine.

Louis avoit non seulement acheté le Roi d'Angleterre, il gagna encor l'Electeur de Cologne, & ce Van Gaalen Evêque de Munster, avide de guerres & de butin, ennemi naturel des Hollandois. Il les avoit secourus contre cet Evêque, & maintenant il s'unissoit à lui pour les perdre. La Suéde, après s'être unie aux Hollandois pour arrêter

o) Réflexion neuve & profonde.

ter en 1668 des progrès qui ne les menaçoient pas, les abandonna quand ils furent menacés de leur ruine, & rentra avec la France dans ses anciennes liaisons, moïennant les anciens subsides.

Il est singulier *p*) & digne de remarque, que de tous les ennemis, qui alloient fondre sur ce petit Etat, il n'y en eut pas un qui pût alléguer un prétexte de guerre. C'étoit une entreprise à-peu-près semblable à cette ligue de Louis Douze, de l'Empereur Maximilien & du Roi d'Espagne, qui avoient autrefois conjuré la perte de la République de Venise, parce qu'elle étoit riche & fiére.

Les Etats-Généraux consternés écrivirent au Roi, lui demandant humblement, si les grands préparatifs qu'il faisoit, étoient en effet destinés contre eux, ses anciens & fidéles alliés? en quoi ils l'avoient offensé? quelle réparation il exigeoit? Il répondit, ,, qu'il ,, feroit de ses troupes l'usage que demande,, roit sa dignité, dont il ne devoit compte ,, à personne,, Ses Ministres alléguoient pour toute raison, que le Gazetier de Hollande avoit été trop insolent, & qu'on disoit qui Van-Beuning avoit fait fraper une médaille

---

p) L'auteur auroit pu ajouter, que cela est encore plus affreux que singulier.

daille injurieuse à Louis XIV. *q*) Van-Beuning avoit pour nom de batême, *Josué*: le goût des devises regnoit alors en France. On avoit donné à Louis XIV la devise du Soleil avec cette légende, *nec pluribus impar*. On prétendoit, que Van-Beuning s'étoit fait représenter avec un soleil, & ces mots pour ame, *in conspectu meo stetit sol* r), *à mon aspect le soleil s'est arrêté*. Cette Médaille n'exista jamais. Il est vrai que les Etats avoient fait fraper une médaille, dans laquelle ils avoient exprimé tout ce que la République avoit fait de glorieux, *assertis legibus, emendatis sacris, adjutis, defensis, conciliatis Regibus, vindicata marium libertate, stabilita orbis Europæ quiete*. *Les loix affermies, la Religion épurée, les Rois secourus,*

q) La raison que les ministres alléguoient étoit un peu plus forte: c'étoit le mécontentement que Louis avoit eu de la triple alliance, qu'il regardoit comme une infraction aux traités que la Hollande avoit conclu avec lui peu après la paix des Pirénées; & il ne pouvoit pas la regarder autrement, puisqu'il y étoit dit en termes exprès, que la republique déclareroit la guerre à la France, supposé que la France ne voulut pas accepter la paix. Ajoutez a cela le nouveau traité que les Etats généraux avoient conclu avec l'Empereur & le Roi d'Espagne pour la conservation des Païs-bas.

r) Il y avoit: *sol! sta, & ne moveare*.

rus, défendus & réunis, la liberté des mers vengée, l'Europe pacifiée.

ILS ne se vantoient en effet de rien qu'ils n'eussent fait: cependant ils firent briser le coin de cette médaille, pour appaiser Louis XIV.

LE Roi d'Angleterre de son côté leur reprochoit, que leur Flotte n'avoit pas baissé son pavillon devant un bateau anglois, & alleguoit encor un certain Tableau, où Corneille de Witt frere du Pensionnaire étoit peint avec les attributs d'un vainqueur *s*). On voioit des vaisseaux pris & brulés dans le fond du tableau. Ce Corneille de Witt, qui en effet avoit eu beaucoup de part aux exploits maritimes contre l'Angleterre, avoit souffert ce foible monument de sa gloire; mais ce tableau presque ignoré étoit dans une chambre où l'on n'entroit presque jamais. Les Ministres Anglois, qui mirent par écrit les griefs de leur Roi contre la Hollande, y spéci-

---

s) Le roi d'Angleterre publia deux manifestes, qui leur reprochoient & l'infraction des traités les plus solemnels, & une ambition qui envahissoit le commerce de toute l'Europe, & des hostilités commises contre le pavillon Anglois. Voiez tout cela plus au long dans les Mémoires de Dumont, tome III. dans la déclaration de guerre, il n'étoit pas question de tableaux. L'auteur préfere toujours le singulier au simple, le merveilleux au vrai.

spécifiérent des tableaux injurieux, *abufive pictures*. Les Etats, qui traduifoient toûjours les Mémoires des Miniftres en françois, aïant traduit *abufive*, par le mot *fautifs, trompeurs*, répondirent qu'ils ne favoient ce que c'étoit que *ces tableaux trompeurs*. En effet ils ne devinérent jamais, qu'il étoit queftion de ce portrait d'un de leurs concitoïens, & ils ne purent imaginer, ce prétexte de la guerre.

Tout ce que les efforts de l'ambition & de la prudence humaine peuvent préparer pour détruire une nation, Louis XIV l'avoit fait. Il n'y a pas chez les hommes d'exemple d'une petite entreprife formée avec des préparatifs plus formidables. De tous les conquérans, qui ont envahi une partie du monde, il n'y en a pas un qui ait commencé fes conquêtes avec autant de troupes réglées, & autant d'argent, que Louis en emploie pour fubjuguer le petit Etat des Provinces-Unies. Cinquante millions, qui en feroient aujourd'hui quatre vingt-dix-fept, furent confommés à cet appareil. Trente vaifleaux de cinquante piéces de canon joignirent la Flotte Angloife forte de cent voiles. Le Roi avec fon frere alla fur les frontiéres de la Flandre Efpagnole & de la Hollande, vers Maftricht & Charleroi, avec plus de cent-douze

douze mille hommes *). L'Evêque de Munſter & l'Electeur de Cologne en avoient environ vingt-mille. Les Généraux de l'armée du Roi étoient Condé & Turenne. Luxembourg commandoit ſous eux. Vauban devoit conduire les ſiéges. Louvois étoit partout avec ſa vigilance ordinaire. Jamais on n'avoit vu une armée ſi magnifique; & en même-tems mieux diſciplinée. C'étoit ſurtout un ſpectacle admirable, que la maiſon du Roi nouvellement réformée. On y voïoit quatre compagnies des gardes du corps, chacune compoſée de trois-cent Gentilshommes, entre leſquels il y avoit beaucoup de jeunes *Cadets* ſans païe, aſſujettis comme les autres à la régularité du ſervice; deux-cent Gendarmes de la Garde, deux-cent Chevauxlegers, cinq-cent Mouſquetaires, tous Gentilshommes choiſis, parés de leur jeuneſſe & de leur bonne-mine; douze compagnies de la Gendarmerie depuis augmentées juſqu'au nombre de ſeize; les Cent-Suiſſes même accompagnoient le Roi, & ſes régimens des Gardes-Françoiſes & Suiſſes montoient la garde

*) Il n'en avoit que 70 mille. L'auteur dit dans la page 201 qu'il avoit 130 mille combattans, ſans doute depuis la jonction des armées de Cologne & de Munſter; mais, ſelon lui, il y en avoit 132 mille, puiſque ſelon lui ces armées étoient de 20 mille hommes.

garde devant sa maison, ou devant sa tente. Ces troupes, pour la plûpart couvertes d'or & d'argent, étoient en même-tems un objet de terreur & d'admiration, pour des peuples chez qui toute espéce de magnificence étoit inconnuë. Un discipline, devenuë encor plus exacte, avoit mis dans l'armée un nouvel ordre. Il n'y avoit point encor d'Inspecteurs de cavalerie & d'infanterie, comme nous en avons vu depuis. Mais deux hommes, uniques en leur genre, en faisoient les fonctions. Martinet mettoit alors l'Infanterie sur le pied de discipline où elle est aujourd'hui. Le Chevalier de Fourilles faisoit la même charge dans la cavalerie. Il y avoit un an que Martinet avoit mis la baïonette en usage dans quelques régimens. Avant lui on ne s'en servoit pas d'une maniére constante & uniforme. Ce dernier effort peutêtre de ce que l'art militaire a inventé de plus terrible, étoit connu, mais peu pratiqué, parce que les piques prévaloient. Il avoit imaginé des bateaux de cuivre, qu'on portoit aisément sur des charettes ou à dos de mulet. Le Roi avec tant d'avantages sûr de sa fortune & de sa gloire, menoit avec lui un Historien, qui devoit écrire ses victoires : c'étoit Pélisson, homme dont il sera parlé dans l'article des Beaux Arts; plus capable de bien écrire, que de ne pas flatter.

CONTRE

Contre Turenne, Condé, Luxembourg, Vauban, cent-trente-mille combattans, une artillerie prodigieuse, & de l'argent avec lequel on attaquoit encor la fidelité des Commandans des places ennemies; la Hollande n'avoit à opposer qu'un jeune Prince d'une constitution foible, qui n'avoit vu ni siéges ni combats, & environ vingt-cinq-mille mauvais soldats en quoi consistoit toute la garde du païs. Le Prince Guillaume d'Orange, âgé de 22 ans, venoit d'être élu Capitaine-Géneral des forces de terre, par les vœux de la nation: Jean de Witt y avoit consenti par nécessité. Ce Prince nourrissoit sous le flegme Hollandois, une ardeur d'ambition & de gloire, qui éclata toûjours depuis dans sa conduite, sans s'échaper jamais dans ses discours. Son humeur étoit froide & sévére, son génie actif & perçant: son courage, qui ne se rebutoit jamais, fit supporter à son corps foible & languissant, des fatigues au dessus de ses forces. Il étoit valeureux sans ostentation, ambitieux, mais ennemi du faste, né avec une opiniâtreté flegmatique faite pour combattre l'adversité, aimant les affaires & la guerre, ne connoissant ni les plaisirs attachés à la grandeur ni ceux de l'humanité *u*), enfin presque en tout l'opposé de Louis XIV.

u) Les plaisirs de l'humanité sont-ce les plaisirs de la

Il ne put d'abord rien oppofer au torrent qui fe débordoit fur fa patrie. Ses forces étoient trop peu de chofe; fon pouvoir même étoit limité par les Etats. Les armes françoifes venoient fondre tout à coup fur la Hollande, que rien ne fecouroit. L'imprudent Duc de Lorraine, qui avoit voulu lever des troupes pour joindre fa fortune à celle de cette République, venoit de voir toute la Lorraine faifie par les troupes françoifes, avec la même facilité qu'on s'empare d'Avignon, quand on eft mécontent du Pape.

Cependant le Roi faifoit avancer fes armées vers le Rhin, dans ces païs qui confinent à la Hollande, à Cologne & à la Flandre. Il faifoit diftribuer de l'argent dans tous les villages, pour païer le dommage que fes troupes y pouvoient faire. Si quelque Gentil-homme des environs venoit fe plaindre, il étoit fûr d'avoir un préfent *x*). Un Envoïé du Gouverneur des Païs-Bas étant venu faire une repréfentation au Roi fur quelques dégats commis par les troupes, reçut de la main du Roi fon portrait enrichi

de

---

de la bienfefance? Guillaume les connoiffoit, font ce les plaifirs de la jeuneffe? Il fefoit bien d'y être infenfible. Voyez le Stathouderat de Raiual.

x) Pas fi fûr.

de diamans, estimé plus de douze-mille francs *y*). Cette conduite attiroit l'admiration des peuples, & augmentoit la crainte de sa puissance.

Le Roi étoit à la tête de sa maison, & de ses plus belles troupes, qui composoient trente-mille hommes. Turenne les commandoit sous lui. Le Prince de Condé avoit une armée aussi forte. Les autres corps, conduits tantôt par Luxembourg, tantôt par Chamilli, faisoient dans l'occasion des armées séparées, ou se rejoignoient selon le besoin. On commença par assiéger à la fois quatre villes, dont le nom ne mérite de place dans l'histoire que par cet événement ; Rhinberg, Orsoi, Wesel, Burick. Elles furent prises presque aussitôt qu'elles furent investies. Celle de Rhinberg, que le Roi voulut assiéger en personne, n'essuia pas un coup de canon : & pour assurer encor mieux sa prise, on eut soin de corrompre le Lieutenant de la place, Irlandois de nation, nommé Dosseri, qui eut la lâcheté de se vendre, & l'imprudence de se retirer ensuite à Mastricht, où le Prince d'Orange le fit punir de mort.

y) Mr. de Voltaire a un tendre tout particulier pour ces sortes de faits & surtout pour les évaluations. Ce sont en effet de belles leçons pour les princes, qui ont auprès d'eux des beaux-esprits avides.

TOUTES les places qui bordent le Rhin & l'Issel, se rendirent. Quelques Gouverneurs envoïérent leurs clez, dès qu'ils virent seulement passer de loin un ou deux escadrons François ; plusieurs Officiers s'enfuirent des villes où ils étoient en garnison, avant que l'ennemi fût dans leur territoire : la consternation étoit générale. Le Prince d'Orange n'avoit point assez de troupes pour paroître en campagne. Toute la Hollande s'attendoit à passer sous le joug z), dez que le Roi seroit au de-là du Rhin. Le Prince d'Orange fit faire à la hâte des lignes au de-là de ce fleuve ; & après les avoir faites, il connut l'impuissance a) de les garder. Il ne s'agissoit plus que de savoir en quel endroit les François voudroient faire un pont de bateaux, & de s'opposer, si on pouvoit, à ce passage. En effet l'intention du Roi étoit de passer le fleuve sur un pont de ces petits bateaux de cuivre inventés par Martinet. Des gens du païs informérent alors le Prince de Condé, que la secheresse de la saison avoit formé un gué sur un bord du Rhin, auprès d'une vieille tour qui sert de bureau de péage, qu'on nomme *tol- huis la maison du*

---

z) Voilà une république courageuse que l'auteur remplit de ses craintes.

a) L'auteur devoit dire ; l'impossibilité ; car il y a apparence qu'il veut parler François.

du péage. Le Roi fit fonder ce gué par le Comte de Guiche. Il n'y avoit que quarante à cinquante pas à nager au milieu de ce bras du fleuve, à ce que dit dans ses Lettres Pélisson témoin oculaire. Cet espace n'étoit rien, parce que plusieurs chevaux de front rompoient le fil de l'eau très-peu rapide. L'abord étoit aisé: il n'y avoit de l'autre côté de l'eau que quatre à cinq-cent cavaliers, & deux foibles régimens d'infanterie sans canon *b*). L'Artillerie Françoise les foudroïoit en flanc. Tandis que la maison du Roi & les meilleures troupes de cavalerie passèrent sans risque au nombre d'environ quinze-mille hommes, le Prince de Condé les côtoioit dans un bateau de cuivre. A peine quelques cavaliers Hollandois entrèrent dans la riviére pour faire semblant de combattre. Ils s'enfuirent l'instant d'après, devant la multitude qui venoit à eux. Leur infanterie mit aussitôt bas les armes, & demanda la vie. Personne ne périt dans le passage, que quelques cavaliers ivres, qui s'écartérent du gué; & il n'y auroit eû personne de tué dans cette journée,

12. Juin 1672.

b) Tous les mémoires du tems disent, que le bord du Rhin étoit défendu par six à sept mille hommes, que le prince d'Orange avoit débauchés de son armée. Le prince de Condé fit plus de deux mille prisonniers, & le carnage fut horrible.

journée, sans l'imprudence du jeune Duc de Longueville. On dit qu'aïant la tête pleine des fumées du vin, il tira un coup de pistolet sur les ennemis qui demandoient la vie à genoux, en leur criant, *point de quartier pour cette canaille*. Il tua du coup, un de leurs Officiers. L'Infanterie Hollandoise désespérée reprit à l'instant ses armes, & fit une décharge, dont le Duc de Longueville fut tué. Un Capitaine de Cavalerie nommé Ossembrouk, qui ne s'étoit point enfuï avec les autres, court au Prince de Condé, qui montoit alors à cheval en sortant de la riviére, & lui appuie son pistolet à la tête. Le Prince, par un mouvement, détourna le coup, qui lui fracassa le poignet. Condé ne reçut jamais que cette blessure dans toutes ses campagnes. Les François irrités firent main-basse sur cette Infanterie, qui se mit à fuir de tous côtés. Louis XIV passa sur un pont de bateaux avec l'armée.

Tel fut ce passage du Rhin, action éclatante & unique célébrée alors comme un des grands événemens qui dussent occuper la mémoire des hommes. Cet air de grandeur, dont le Roi relevoit toutes ses actions, le bonheur rapide de ses conquêtes, la splendeur de son regne, l'idolatrie de ses courtisans, enfin le goût que les peuples, &

surtout

surtout les Parisiens, ont pour l'exagération, joint à l'ignorance de la guerre, où l'on est dans l'oisiveté des grandes villes; tout cela fit regarder à Paris le passage du Rhin comme un prodige. L'opinion commune étoit, que toute l'armée avoit passé ce fleuve à la nage, en présence d'une armée retranchée, & malgré l'artillerie d'une forteresse imprenable, appellée le *tol-huis*. Il étoit très-vrai, que rien n'étoit plus imposant pour les ennemis que ce passage, & que s'ils avoient eû un corps de bonnes troupes à l'autre bord, l'entreprise étoit très-périlleuse.

Dez qu'on eût passé le Rhin, on prit Doesbourg, Zutphen, Arnheim, Nosembourg, Nimegue, Skenk, Bommel, Crevecoeur, &c. Il n'y avoit guères d'heures dans la journée, où le Roi ne reçût la nouvelle de quelque conquête. Un Officier, nommé Mazel, mandoit à Monsieur de Turenne: ,, si vous voulez m'envoier cinquan-,, te chevaux, je pourrai prendre avec cela, ,, deux ou trois places.

Utrecht envoïa ses clez, & capitula avec toute la province qui porte son nom. Louis fit son entrée triomphale dans cette ville, menant avec lui son Grand Aumônier, son Confesseur & l'Evêque titulaire d'Utrecht. On rendit avec solemnité la grande Eglise

20. Juin 1672.

Eglise aux Catholiques. L'Evêque, qui n'en portoit que le vain nom, fut pour quelque tems établi dans une dignité réelle. La religion de Louis XIV. faisoit des conquêtes comme ses armes. C'étoit un droit qu'il acquéroit sur la Hollande, dans l'esprit des Catholiques.

Les provinces d'Utrecht, d'Overyssel, de Gueldres, étoient soumises; Amsterdam n'attendoit plus que le moment de son esclavage ou de sa ruine. Les Juifs, qui y sont établis, s'empressérent d'offrir à Gourville, Intendant & ami du Prince de Condé, deux millions de florins, pour se racheter du pillage.

Déja Naerden, voisine d'Amsterdam, étoit prise. Quatre cavaliers, allant à la maraude, s'avancérent jusqu'aux portes de Muiden, où sont les écluses qui peuvent inonder le païs, & qui n'est qu'à une lieuë d'Amsterdam. Les magistrats de Muiden, éperdus de fraieur, vinrent présenter leurs clez à ces quatre soldats; mais enfin, voiant que les troupes ne s'avançoient point, ils reprirent leurs clez & fermérent les portes. Un instant de diligence eût mis Amsterdam dans les mains du Roi. Cette Capitale une fois prise, non seulement la République périssoit, mais il n'y avoit plus de nation hollandoise,

doise, & bientôt la terre même de ce païs alloit disparoître c). Les plus riches familles, les plus ardentes pour la liberté, se préparoient à fuir aux extrémités du monde, & à s'embarquer pour Batavia. On fit le dénombrement de tous les vaisseaux qui pouvoient faire ce voïage, & le calcul de ce qu'on pouvoit embarquer. On trouva, que deux-cent-mille familles pouvoient se réfugier dans leur nouvelle patrie. La Hollande n'eût plus existé qu'au bout des Indes Orientales: ses provinces d'Europe, qui n'achettent leur bled qu'avec leurs richesses d'Asie, qui ne vivent que de leur commerce, & si on l'ose dire, de leur liberté, auroient été presque tout-à-coup ruinées & dépeuplées. Amsterdam, l'entrepôt & le magazin de l'Europe, où trois-cent-mille hommes cultivent le commerce & les arts, seroit devenuë bientôt un vaste marais. Toutes les terres voisines demandent des frais immenses & des milliers d'hommes pour élever leurs digues: elles eussent propablement à la fois manqué d'habitans & de richesses, & auroient été enfin submergées, ne laissant à Louis

c) La Hollande avoit subsisté sous le gouvernement Espagnol: pourquoi auroit elle péri, si elle avoit été conquise par Louis XIV. Il n'y avoit qu'à lui ôter sa liberté, & lui laisser son commerce.

XIV que la gloire déplorable d'avoir détrui[t] le plus singulier & le plus beau monumen[t] de l'industrie humaine.

La désolation de l'Etat étoit augmenté[e] par les divisions ordinaires aux malheureux qui s'imputent les uns aux autres les calamités publiques. Le Grand Pensionnaire d[e] Witt ne croioit pouvoir sauver ce qui restoi[t] de sa patrie, qu'en demandant la paix a[u] vainqueur. Son esprit, à la fois tout répu[b]licain & jaloux de son autorité particuliére, craignoit toûjours l'élevation du Prince d'O[]range encor plus que les conquêtes du Roi d[e] France: il avoit fait jurer à ce Prince mêm[e] l'observation d'un Edit perpétuel, par leque[l] le Prince étoit exclus de la charge de Sta[t]houder. L'honneur, l'autorité, l'esprit d[e] parti, l'intérêt, lièrent de Witt à ce ferment. Il aimoit mieux voir sa Republique subjugué[e] par un Roi vainqueur, que soumise à u[n] Stathouder.

Le Prince d'Orange de son côté plus am[]bitieux que de Witt c), aussi attaché à sa pa[]trie, plus patient dans les malheurs publics attendant tout du tems & de l'opiniâtreté d[e] sa constance, briguoit le Stathoudérat, &

s'oppo[]

---

c) De With ne l'étoit donc gueres. Cependan[t] tous les historiens nous le représentent com[]me le meilleur politique & le meilleur citoie[n] de la Hollande.

s'opposoit à la paix avec la même ardeur. Les Etats résolurent, qu'on demanderoit la paix malgré le Prince; mais le Prince fut élevé au Stathoudérat malgré les de Witt *d*).

QUATRE Députés vinrent au camp du Roi, implorer sa clémence au nom d'une République, qui six mois auparavant se croioit l'arbitre des Rois. Les Députés ne furent point reçus des Ministres de Louis XIV, avec cette politesse françoise qui mêle la douceur de la civilité aux rigueurs même du gouvernement *e*). Louvois dur & altier, né pour bien servir, plus-tôt que pour faire aimer son maître, reçut les supplians avec hauteur, & même avec l'insulte de la raillerie. On les obligea de revenir plusieurs fois. Enfin le Roi leur fit déclarer ses volontés. Il vouloit, que les Etats lui cédassent tout ce qu'ils avoient au-delà du Rhin, Nimégue, des Villes & des Forts dans le sein de leur païs; qu'on lui paiât vingt-millions; que les François fussent les maîtres de tous les grands chemins de la Hollande par terre & par eau, sans qu'ils paiassent jamais aucun

1672.

droit;

---

d) Il ne fut déclaré que capitaine général & amiral des troupes & forces de la république; ce que Messieurs de With avoient toujours dit qu'on lui réservoit, dès-qu'il seroit en âge. Voyez les mémoires du chevalier Temple.

e) C'est un être de raison, que cette politesse.

droit ; que la Religion Catholique fût partout rétablie, que la République lui envoïat tous les ans une Ambassade extraordinaire, avec une médaille d'or sur laquelle il fût gravé, qu'ils tenoient leur liberté de Louis XIV ; enfin qu'à ces satisfactions ils joignissent celle qu'ils devoient au Roi d'Angleterre & aux Princes de l'Empire, tels que ceux de Cologne & de Munster, par qui la Hollande étoit encor désolée.

Ces conditions d'une Paix, qui tenoit tant de la Servitude, parurent intolérables ; & la fierté du vainqueur inspira un courage de désespoir aux vaincus. On résolut de périr les armes à la main. Tous les cœurs & toutes les espérances se tournérent vers le Prince d'Orange, Le peuple en fureur éclata contre le Grand-Pensionnaire, qui avoit demandé la Paix. A ces seditions se joignit la politique du Prince & l'animosité de son parti. On attente d'abord à la vie du Grand-Pensionnaire Jean de Witt. Ensuite on accuse Corneille son frere d'avoir attenté à celle du Prince. Corneille est appliqué à la question. Il récita dans les tourmens le commencement de cette ode d'Horace : *justum & tenacem*, convenable à son état & à son courage, & qu'on peut traduire ainsi pour ceux qui ignorent le latin :

*la mèr qui gronde & s'élance,
les cris des séditieux,
des fièrs tyrans l'insolence,
n'ébranlent pas la constance
d'un cœur ferme & vertueux.*

Enfin la populace effrénée massacra dans la Haie les deux freres de Witt; l'un, qui avoit gouverné l'Etat pendant dix-neuf ans avec vertu; & l'autre, qui l'avoit servi de son épée. On exerça sur leurs corps sanglans toutes les fureurs dont le peuple est capable : horreurs communes à toutes les nations, & que les François avoient fait éprouver au Maréchal d'Encre, à l'Amiral Coligni &c. car la populace est presque par-tout la même. On poursuivit les amis du Pensionnaire. Ruiter même, l'Amiral de la République, & qui seul combattoit alors pour elle avec succès, se vit environné d'assassins dans Amsterdam.

20. Août 1672.

Au milieu de ces désordres & de ces désolations, les magistrats montrèrent des vertus, qu'on ne voit guères que dans les Républiques *f*). Les particuliers, qui avoient

des-

―――――――――――――――――――

f) Retenez bien ceci, car je crains bien, que quelques feuilles plus bas, l'auteur ne voie aussi les mêmes vertus dans les monarchies,&, pour peu qu'on le fâche dans les Etats despotiques.

des billets de banque, coururent en foule à la banque d'Amsterdam ; on craignoit que l'on n'eût touché au tréfor public. Chacun s'empreſſoit de ſe faire paier du peu d'argent, qu'on croioit qui pouvoit y être encor. Les magiſtrats firent ouvrir les caves, où ce tréfor ſe conſerve. On le trouva tout entier, tel qu'il avoit été dépoſé depuis ſoixante ans ; l'argent même étoit encor noirci de l'impreſſion du feu, qui avoit longtéms auparavant conſumé l'hôtel de ville. Les billets de banque s'étoient toûjours négociés juſqu'à ce tems, ſans que jamais on eût touché au tréfor. On païa alors avec cet argent tous ceux qui voulurent l'être g). Tant de bonne foi & tant de reſſources étoient d'autant plus admirables, que Charles Second Roi d'Angleterre, pour avoir dequoi faire la guerre aux Hollandois & fournir à ſes plaiſirs, non content de l'argent de France, venoit de faire banqueroute à ſes ſujets. Autant il étoit honteux à ce Roi de violer ainſi la foi publique, autant il étoit glorieux aux magiſtrats d'Amſterdam de la garder, dans un tems où il ſembloit permis d'y manquer.

A cette vertu républicaine, ils joignirent ce courage d'eſprit, qui prend les partis extrêmes

---

g) Corrigez cette négligence, & dites: *on païa tous ceux qui voulurent être païez.*

trêmes dans les maux sans reméde. Ils firent percer les digues, qui retiennent les eaux de mer. Les maisons de campagne, qui sont *b*) innombrables autour d'Amsterdam, ses villages, les villes voisines, Leide, Delft, furent inondées. Le paisan ne murmura pas de voir ses troupeaux noiés dans les campagnes. Amsterdam fut comme une vaste forteresse au milieu des eaux, entourée de vaisseaux de guerre, qui eurent assez d'eau pour se ranger autour de la ville. La disette fut grande chez ces peuples; ils manquérent sur-tout d'eau douce; elle se vendit six sous la pinte: mais ces extrémités parurent moindres *i*) que l'esclavage. C'est une chose digne de l'observation de la postérité, que la Hollande ainsi accablée sur terre, & n'étant plus un Etat, demeura encor redoutable sur la mer. C'étoit l'élément véritable de ces peuples.

Tandis que Louis XIV passoit le Rhin & prenoit trois provinces, l'Amiral Ruiter avec environ cent vaisseaux de guerre & plus de cinquante brulots, alla chercher près des côtes d'Angleterre les flottes des deux Rois. Leur puissance réunie n'avoit pu mettre en mer une armée navale plus forte que celle de la République. Les Anglois & les Hollandois combattirent comme des nations ac-

coûtu-

---
h) Il faut; *qui étoient innombrables.*
i) *Moindres* n'est pas le terme propre.

coûtumées à se disputer l'empire de l'océan. Cette bataille, qu'on nomme de *Solbaie*, dura un jour entier. Ruiter, qui en donna le signal, attaqua le Vaisseau Amiral d'Angleterre, où étoit le Duc d'Yorck, frere du Roi. La gloire de ce combat particulier demeura à Ruiter. Le Duc d'Yorck, obligé de changer de vaisseau, ne reparut plus devant l'Amiral Hollandois. Les trente vaisseaux françois eurent peu de part à l'action. Et tel fut le sort de cette journée, que les côtes de la Hollande furent en sureté.

7. Juin 1672.

APRES cette bataille, Ruiter, malgré les craintes & les contradictions de ses compatriotes, fit entrer la flotte marchande des Indes dans le Texel; défendant ainsi & enrichissant sa patrie d'un côté, lorsqu'elle périssoit de l'autre. Le commerce même des Hollandois se soûtenoit; on ne voïoit que leurs pavillons dans les mers des Indes. Un jour qu'un Consul de France disoit au Roi de Perse, que Louis XIV avoit conquis presque toute la Hollande : *comment cela peut-il être ?* répondit le Monarque Persan, *puisqu'il y a toûjours au port d'Ormus vingt vaisseaux Hollandois pour un François.*

LE Prince d'Orange cependant avoit l'ambition d'être bon citoïen. Il offrit à l'Etat le revenu de ses charges, & tout son bien pour

pour soûtenir la liberté. Il couvrit d'inondations les passages par où les François pouvoient pénétrer dans le reste du païs. Ses négociations promtes & secrettes réveillèrent de leur assoupissement, l'Empereur, l'Empire, le Conseil d'Espagne, le Gouverneur de Flandre. Il disposa même l'Angleterre à la paix. Enfin le Roi étoit entré au mois de Mai en Hollande, & dès le mois de Juillet l'Europe commençoit à être conjurée contre lui.

MONTEREY, Gouverneur de Flandre, fit passer secrettement quelques régimens au secours des Provinces-Unies. Le Conseil de l'Empereur Léopold envoïa Montécuculi à la tête de près de vingt-mille hommes *l*). L'Electeur de Brandebourg, qui avoit à sa solde vingt-cinq mille soldats, se mit en marche.

ALORS le Roi quitta son armée. Il n'y avoit plus de conquêtes à faire dans un païs inondé. La garde des provinces conquises devenoit difficile. Louis vouloit une gloire sûre. Satisfait d'avoir pris tant de villes en deux mois, il revint à Saint-Germain au milieu de l'été : & laissant Turenne & Luxembourg achever la guerre, il jouit du triomphe. On éleva des monumens de sa conquête,

Juillet 1672.

―――――――――――――――――
l) Et pourquoi pas Léopold lui-même ?

quête, tandis que les Puissances de l'Europe travailloient à la lui ravir *m*).

CHAPITRE DIXIEME.
Evacuation de la Hollande. Seconde conquête de la Franche Comté. a)

ON croit nécessaire de dire à ceux qui pouront lire cet ouvrage, qu'ils doivent se souvenir, que ce n'est point ici une simple relation de campagnes, mais plûtôt une histoire des mœurs des hommes *b*). Assez de livres sont pleins de toutes les minuties des actions de guerre, & de ces détails de la fureur & de la misére humaine. Le dessein de cet essai est de peindre les principaux

---

m) Ce chapitre est un des meilleurs de l'ouvrage. Mr. de Voltaire y a mis beaucoup de petits faits, qui auroient rendu raison de tout le merveilleux qu'il trouve dans les grands événemens.

a) Le commencement du titre de ce chapitre est burlesque.

b) L'avis est très bon, & vient fort à propos, Mr. de V: ramene le lecteur au principal objet qu'il sembloit avoir perdu de vuë dans les chapitres précédens. Il n'y parle que guerres, conquetes &c. il détaille les malheurs des hommes, & ne dit pas un mot de leurs mœurs.

aux caractéres de ces révolutions, & d'écarter la multitude des petits faits, pour laisser voir les seuls considérables, & (s'il se peut) l'esprit qui les a conduits.

La France fut alors au comble de sa gloire. Le nom de ses Généraux imprimoit la vénération. Ses Ministres étoient regardés comme des génies supérieurs aux Conseillers des autres Princes; & Louis étoit en Europe comme le seul Roi. En effet l'Empereur Léopold ne paroissoit pas dans les armées. Charles Second Roi d'Espagne, fils de Philippe IV, sortoit à peine de l'enfance. Celui d'Angleterre ne mettoit d'activité dans sa vie, que celle des plaisirs.

Tous ces Princes & leurs Ministres firent de grandes fautes. L'Angleterre agit contre les principes de la raison d'Etat en s'unissant avec la France, pour élever une puissance que son intérêt étoit d'affoiblir c).

L'Empereur, l'Empire, le Conseil Espagnol, firent encor plus mal, de ne pas s'opposer d'abord à ce torrent. Enfin Louis luimême commit une aussi grande faute qu'eux tous, en ne poursuivant pas avec assez de rapidité, des conquêtes si faciles. Condé & Turenne vouloient qu'on démolît la plûpart des places Hollandoises. Ils disoient que ce
n'étoit

---

c) Dites, *qu'il étoit de son intérêt d'affoiblir.*

n'étoit point avec des garnisons que l'on prend des Etats; mais avec des armées; & qu'en conservant une ou deux places de guerre pour la retraite, on devoit marcher rapidement à la conquête entiére. Louvois au contraire vouloit que tout fût place & garnison. C'étoit là son génie, & c'étoit aussi le goût du Roi. Louvois avoit par-là plus d'emplois à sa disposition; il étendoit le pouvoir de son ministére; il s'applaudissoit de contredire les deux plus grands Capitaines du siécle. Louis le crut, & se trompa comme il l'avoua depuis; il manqua le moment d'entrer dans la Capitale de la Hollande; il affoiblit son armée en la divisant dans trop de places; il laissa à son ennemi le tems de respirer. L'histoire des plus grands Princes est souvent le récit des fautes des hommes.

APRÈS le départ du Roi, les affaires changérent de face. Turenne fut obligé de marcher vers la Westphalie, pour s'opposer aux impériaux. Le Gouverneur de Flandre Monterey, sans être avoué du Conseil timide d'Espagne, renforça la petite armée du Prince d'Orange d'environ dix-mille hommes. Alors ce Prince fit tête aux François jusqu'à l'hiver. C'étoit déja beaucoup de balancer la fortune. Enfin l'hiver vint. Les

glaces

glaces couvrirent les inondations de la Hollande. Luxembourg, qui commandoit dans Utrecht, fit un nouveau genre de guerre inconnu aux François, & mit la Hollande dans un nouveau danger, aussi terrible que les précédens.

Il assemble une nuit près de douze-mille fantassins tirés des garnisons voisines. On leur avoit préparé des patins. Il se met à leur tête, & marche sur la glace, vers Leide & vers la Haye. Un dégel survint. La Haye fut sauvée. Son armée entourée d'eau, n'aïant plus de chemin ni de vivres, étoit prête à périr. Il falloit, pour s'en retourner à Utrecht, marcher sur une digue étroite & fangeuse, où l'on pouvoit à peine se trainer quatre de front. On ne pouvoit arriver à cette digue, qu'en attaquant un Fort, qui sembloit imprenable sans artillerie. Quand ce Fort n'eût arrêté l'armée qu'un seul jour, elle seroit morte de faim & de fatigue. Luxembourg étoit sans ressource. Mais la fortune, qui avoit sauvé la Haye, sauva son armée, par la lâcheté du Commandant du Fort, qui abandonna son poste sans aucune raison. Il y a mille événemens dans la guerre, comme dans la vie civile, qui sont incompréhensibles: celui-là est de ce nombre. Tout le fruit de cette entreprise fut une

cruauté,

cruauté, qui acheva de rendre le nom François odieux dans ces païs. Bodegrave & Swamerdam, deux bourgs considérables, riches & bien peuplés, semblables à nos villes de la grandeur *d*) médiocre, furent abandonnés au pillage des soldats, pour le prix de leur fatigue. Ils mirent le feu à ces deux villes; & à la lueur des flammes, ils se livrèrent à la débauche & à la cruauté. Il est étonnant que le soldat François soit si barbare, étant commandé par ce prodigieux nombre d'Officiers, qui ont avec justice la réputation d'être aussi humains que courageux. Ce pillage fut si exagéré, que plus de quarante ans après, j'ai vu les livres hollandois, dans lesquels on apprenoit à lire aux enfans, retracer cette avanture, & inspirer la haine contre les François à des générations nouvelles.

1673. CEPENDANT le Roi agitoit les Cabinets de tous les Princes par ses négociations. Il gagna le Duc de Hanovre. L'Electeur de Brandebourg, en commençant la guerre, fit un Traité, mais qui fut bientôt rompu. Il n'y avoit pas une Cour en Allemagne, où Louis n'eut des pensionnaires *e*). Ses émissaires

---

d) La regle veut: *des villes de grandeur médiocre;* & l'usage n'est point contraire à la regle.

e) Cette anecdote est bien plus flétrissante pour
les

faires fomentoient en Hongrie les troubles de cette province sévérement traitée par le Conseil de Vienne. L'argent fut prodigué au Roi d'Angleterre *f*), pour faire encor la guerre à la Hollande, malgré les cris de toute la nation Angloise, indignée de servir la grandeur de Louis XIV, qu'elle eût voulu réprimer. L'Europe étoit troublée par les armes & par les négociations de Louis *g*). Enfin il ne put empêcher, que l'Empereur, l'Empire & l'Espagne ne s'alliassent avec la Hollande, & ne lui déclarassent solemnellement la guerre. Il avoit tellement changé le cours des choses, que les Hollandois, ses Alliés naturels, étoient devenus les amis de l'Espagne. L'Empereur Léopold envoïoit des secours lents, mais il montroit une grande animosité. Il est rapporté, qu'allant à Egra voir les troupes qu'il y rassembloit, il communia en chemin ; & qu'après la communion, il prit en main un crucifix, & appella Dieu

les Allemands, que glorieuse aux François ; elle est sans doute tirée des mémoires manuscrits de Louvois.

f) Cela n'est point, & l'auteur le dit d'un ton à l'approuver, comme s'il ne connoissoit pas le prix de l'argent, & qu'il n'eut pas une aversion naturelle pour tout ce qui a l'air de prodigalité.

g) Il falloit dire ; troublée par les armes, & divisée par les négociations.

Dieu a témoin de la justice de sa cause. Cette action eût été à sa place du tems des Croisades: la priére de Léopold n'empêcha point le progrès des armes du Roi de France. *b*)

IL parut d'abord combien sa marche étoit déja perfectionnée. Au lieu de trente vaisseaux qu'on avoit joints l'année d'auparavant à la Flotte Angloise, on en joignit quarante sans compter les brûlots. Les Officiers avoient appris les manœuvres savantes des Anglois, avec lesquels ils avoient combattu *i*) celles des Hollandois leurs ennemis. C'étoit le Duc d'Yorck, depuis Jacques Second, qui avoit inventé l'art de faire entendre les ordres sur mer par les mouvemens divers des pavillons. Avant ce tems, les François ne savoient pas ranger une armée en bataille. Leur expérience consistoit à faire battre un vaisseau contre un vaisseau, non à en faire mouvoir plusieurs de concert, & à imiter sur la mer les évolutions des armées de terre, dont les corps séparés se soûtiennent & se secourent mutuellement. Ils firent à-peu-près

---

b) Il faut parler avec respect des choses saintes, & laisser aux petits esprits & aux jeunes gens le plaisir dangereux de s'égaïer sur la religion & sur les cérémonies qu'elle consacre.

i) Je ne crois pas, qu'on dise, *combattre des manœuvres*.

près comme les Romains, qui en une année apprirent des Carthagenois l'art de combattre sur mer, & égalérent leurs maîtres.

Le Vice-Amiral d'Etrée & son Lieutenant Martel, firent honneur à l'industrie militaire de la nation Françoise, dans trois batailles navales consécutives, qui se donnérent au mois de Juin entre la Flotte Hollandoise & celle de France & d'Angleterre. L'Amiral Ruiter fut plus admiré que jamais dans ces trois actions. D'Etrée écrivit à Colbert: „ je voudrois avoir païé de ma vie la gloire „ que Ruiter vient d'acquérir. „ D'Etrée méritoit que Ruiter eût ainsi parlé de lui. La valeur & la conduite furent si égales de tous côtés, que la victoire resta toûjours indécise.

Le 7. 14. & 21. Juin 1673.

Louis aïant fait des hommes de mer de ses François *k*) par les soins de Colbert, perfectionna encor l'art de la guerre sur terre par l'industrie de Vauban. Il vint en personne assiéger Mastricht dans le même tems que ces trois batailles navales se donnoient. Mastricht étoit pour lui une clé des Païs-Bas

Tome I. P &

k) Vous allez rire de ma remarque ; je la ferai pourtant : il me semble que ce *ses* dit propriété ; c'est une expression Turque ; le Sultan dira fort bien: *Mes Turcs*; mais je n'aimerois pas entendre dire à un roi de France: *Mes François*.

& des Provinces-Unies, c'étoit une place forte défenduë par un Gouverneur intrépide nommé Farjaux, né François, qui avoit passé au service d'Espagne & depuis à celui de Hollande. La garnison étoit de cinq-mille hommes. Vauban, qui conduisit ce siége, se servit pour la prémière fois des paralléles, inventées par des Ingénieurs Italiens au service des Turcs devant Candie. Il y ajoûta les places d'armes, que l'on fait dans les tranchées, pour y mettre les troupes en bataille & pour les mieux rallier en cas de sorties. Louis se montra dans ce siége plus exact & plus laborieux qu'il ne l'avoit été encor. Il accoûtumoit, par son exemple, à la patience dans le travail, sa nation accusée jusqu'alors de n'avoir qu'un courage bouillant, que la fatigue épuise bientôt. Mastricht se rendit au bout de huit jours *l*).

29. Juin 1673.

POUR mieux affermir encor la discipline militaire, il usa d'une sévérité qui parut même trop grande. Le Prince d'Orange, qui n'avoit eû, pour opposer à ces conquêtes rapides, que des Officiers sans émulation & des soldats sans courage, les avoit formés à force de rigueurs, en faisant passer par la main du bourreau, ceux qui avoient abandonné

---

l) L'auteur se méprend. Mastricht ne se rendit qu'après quinze jours de tranchée ouverte.

donné leur poste. Le Roi emploïa aussi les châtimens, la première fois qu'il perdit une place. Un très-brave Officier, nommé Du-Pas, rendit Naerden au Prince d'Orange. Il ne tint à la vérité que quatre jours *m*); mais il ne remit sa ville qu'après un combat de cinq heures, donné sur de mauvais ouvrages, & pour éviter un assaut général, qu'une garnison foible & rebutée n'auroit point soûtenu. Le Roi, irrité du premier affront que recevoient ses armes, fit condamner Du-Pas à être trainé par le Bourreau dans Utrecht, une pelle à la main, & son épée fut rompuë *n*): ignominie peut-être inutile *o*) pour les Officiers François, qui sont assez sensibles à la gloire, pour qu'on ne les gouverne pas par la crainte de la honte *p*). Il faut savoir, qu'à la vérité les pro-

14. Sept. 1673.

m) La vérité est que Du Pas tint six jours.
n) Les mémoires de Dumont, tome troisième, disent, que Du Pas aiant été cité au conseil de guerre, avoit été condamné à avoir le cou coupé; & l'auroit eu en effet, si le roi, à la sollicitation de Mr. de Turenne, qui estimoit Du Pas, n'avoit commué la peine de mort en celle de prison perpétuelle.
o). Dites: *certainement*; ce peut être est injuriant
p) Il n'y a pas de sens dans cette maxime; car c'est précisément parce qu'il est sensible à la gloire qu'il doit être gouverné & puni par la crainte de la honte.

visions des Commandans des places les obligent à soûtenir trois assauts; mais ce sont de ces loix qui ne sont jamais exécutées.

Les soins du Roi, le génie de Vauban, la vigilance sévére de Louvois, l'expérience & le grand art de Turenne, l'active intrépidité du Prince de Condé; tout cela ne put réparer la faute qu'on avoit faite de garder trop de places, d'affoiblir l'armée & de manquer Amsterdam.

Nov. 1673.

Le Prince de Condé voulut envain percer dans le cœur de la Hollande inondée. Turenne ne put, ni mettre obstacle à la jonction de Montécuculi & du Prince d'Orange, ni empêcher le Prince d'Orange de prendre Bonn. L'Evêque de Munster, qui avoit juré la ruine des Etats-Généraux, fut attaqué lui-même par les Hollandois.

Le Parlement d'Angleterre força son Roi d'entrer sérieusement dans des négociations de paix, & de cesser d'être l'instrument mercenaire de la grandeur de la France. Alors il fallut abandonner les trois provinces Hollandoises, avec autant de promtitude qu'on les avoit conquises. Ce ne fut pas sans les avoir rançonnées: l'Intendant Robert tira *q)*
de

---

q) L'auteur est trop exact dans les petites choses & trop peu dans les grandes. Qu'une fois pour toutes, il nous fasse grace de ces comptes

de la seule province d'Utrecht en un an seize-cent-soixante & huit-mille florins. On étoit si pressé d'évacuer le païs qu'on avoit pris avec tant de rapidité, que vingt-huit-mille prisonniers Hollandois furent rendus pour un écu par soldat *r*). L'arc de triomphe de la porte Saint-Denis, & les autres monumens de la conquête, étoient à peine achevés, que la conquête étoit déja abandonnée *s*). Les Hollandois, dans le cours de cette invasion, eurent la gloire de disputer l'empire de la mer, & l'adresse de transporter sur terre le théatre de la guerre hors de leur païs. Louis XIV passa dans l'Europe pour avoir joüi, avec trop de précipitation & trop de fierté, de l'éclat d'un triomphe passager. Le fruit de cette entreprise fut d'avoir une guerre sanglante à soûtenir contre l'Espagne, l'Empire & la Hollande réunies, d'être abandonné de l'Angleterre, & enfin de Munster, de Cologne même & de laisser dans les païs qu'il avoit envahis & quittés,

tes de partisan. Ou pourroit lui demander d'où il les tire. Et qui peut savoir à quoi se montent les déprédations d'un Intendant?

r) Pour dire vrai, il auroit fallu dire, *quatre écus*; & pour parler François, *un écu par tête*.

s) Cette phrase est prise mot pour mot des *mémoires de Brandebourg*. Il y a de l'imprudence dans ce plagiat.

tés, plus de haine que d'admiration pour lui.

Le Roi tint seul contre tous les ennemis qu'il s'étoit faits. La prévoïance de son gouvernement & la force de son Etat, parurent bien davantage encor, lorsqu'il fallut se défendre contre tant de Puissances liguées & contre de grands Généraux, que quand il avoit pris en voïageant la Flandre Françoise, la Franche-Comté & la moitié de la Hollande, sur des ennemis sans défense.

On vit surtout quel avantage un Roi absolu, dont les finances sont bien administrées, a sur les autres Rois; il fournit à la fois une armée d'environ vingt-trois-mille hommes à Turenne contre les Impériaux *t*), une de quarante-mille à Condé contre le Prince d'Orange *u*): un corps de troupes étoit sur la frontiére du Roussillon: une Flotte chargée de soldats alla porter la guerre aux Espagnols jusques dans Messine: lui-même marcha

t) L'armée de Turenne n'étoit que de 14 mille qui fut ensuite renforcée de 4 mille, de sorte que l'auteur en ajoute 5 mille de son chef.

u) L'armée du Prince de Condé n'étoit forte tout au plus que de trente mille hommes. Occupé des ressources de Louis XIV, l'auteur a grossi le nombre, qu'il auroit diminué, s'il avoit été occupé de la gloire de Turenne ou de Condé. Son défaut est de n'avoir à la fois qu'une seule idée forte.

marcha pour se rendre maître une seconde fois de la Franche-Comté. Il se défendoit, & il attaquoit par-tout en même-tems.

D'ABORD, dans son entreprise sur la Franche-Comté, la supériorité de son gouvernement parut toute entiére. Il s'agissoit de mettre dans son parti, ou du moins d'endormir les Suisses; nation aussi redoutable que pauvre, toûjours armée, toûjours jalouse à l'excès de sa liberté, invincible sur ses frontiéres, murmurant déja & s'effarouchant de voir Louis XIV une seconde fois dans leur voisinage. L'Empereur & l'Espagne sollicitoient les treize Cantons, de permettre au moins un passage libre à leurs troupes, pour secourir la Franche-Comté, demeurée sans défense par la négligence du Ministére Espagnol. Le Roi de son côté pressoit les Suisses de refuser ce passage; mais l'Empire & l'Espagne ne prodiguoient que des raisons & des priéres. Le Roi, avec un million d'argent comptant & une assurance de six-cent-mille livres, détermina les Suisses à ce qu'il voulut. Le passage fut refusé. Louis, accompagné de son frere & du fils du grand Condé, assiégea Besançon. Il aimoit la guerre de siéges, & l'entendoit bien; il laissoit à Condé & à Turenne celle de campagne. D'ailleurs il n'assiégea jamais une ville, sans être mora-

lement

lement sûr de la prendre. Louvois faisoit si bien les préparatifs; les troupes étoient si bien fournies; Vauban, qui conduisoit presque tous les siéges, étoit un si grand maître dans l'art de prendre les villes, que la gloire du Roi étoit en sûreté. Vauban dirigea les attaques de Besançon: elle fut prise en neuf jours; & au bout de six semaines, toute la Franche-Comté fut soumise au Roi. Elle est restée à la France, & semble y être pour jamais annexée: monument de la foiblesse du Ministére Autrichien Espagnol, & de la force de celui de Louis XIV. *x*)

15. Mai 1674.

CHAPITRE ONZIEME.

Belle campagne, & mort du Maréchal de Turenne a).

TANDIS que le Roi prenoit rapidement la Franche-Comté, avec cette facilité & cet éclat attaché encor à sa destinée; Turenne, qui ne faisoit que défendre les frontiéres du côté du Rhin, deployoit ce que l'art de la guerre a de plus grand & de plus consommé.

x) Tout ce chapitre est fort aride: l'auteur avoit pourtant bien des matériaux!

a) Ce titre fastueux sent le François réfugié.

sommé. L'estime des hommes se mesure par les difficultés surmontées; & c'est ce qui a donné une si grande reputation à cette campagne de Turenne b).

D'ABORD il fait une marche longue & vive, passe le Rhin à Philipsbourg, marche toute la nuit à Sintzheim, force cette ville, & en même-tems il attaque & met en fuite Caprara Général de l'Empereur, & le vieux Duc de Lorraine Charles IV, ce Prince qui passa toute sa vie à perdre ses Etats & à lever des troupes, & qui venoit de réunir sa petite armée avec une partie de celle de l'Empereur. Turenne, après l'avoir battu, le poursuit & bat encor sa cavalerie à Ladimbourg; delà, il court à un autre Général des Impériaux le Prince de Bournonville, qui n'attendoit que de nouvelles troupes pour s'ouvrir le chemin de l'Alsace; il prévient la jonction de ces troupes, l'attaque & lui fait quitter le champ de bataille. {Juin 1674. Juill. 1674. Octob. 1674.}

L'EMPIRE rassemble contre lui toutes ses forces; soixante & dix-mille Allemans sont dans l'Alsace: Brisac & Philipsbourg étoient bloqués par eux. Turenne n'avoit plus que vingt-mille hommes effectifs tout au plus. Le Prince de Condé lui envoïa de Flan-

---

b) Je soupçonne l'auteur d'avoir voulu dire autre chose que ce qu'il dit, & qu'à *estime* il faudroit substituer *gloire*.

Flandre quelque secours de cavalerie; alors il traverse des montagnes pleines de neige, par Tanne & par Bedfort; il se trouve tout d'un coup dans la Haute Alsace, au milieu des quartiers des ennemis, qui le croïoient en repos en Lorraine, & qui pensoient que la campagne étoit finie. Il bat à Mulhausen les quartiers qui résistent: il en fait deux prisonniers. Il marche à Colmar, où l'Electeur de Brandebourg, qu'on appelle le Grand Electeur, alors Général des armées de l'Empire, avoit son quartier. Il arrive dans le tems que ces Princes & les autres Généraux se mettoient à table: ils n'eurent que le tems de s'échaper; la campagne étoit couverte de fuiards.

Dec. 1674.

TURENNE, croïant n'avoir rien fait tant qu'il restoit quelque chose à faire c), attend encor auprès de Turckheim une partie de l'infanterie ennemie. L'avantage du poste qu'il avoit choisi, rendoit sa victoire sûre: il défait cette infanterie. Enfin une armée de soixante & dix-mille hommes se trouve vaincuë & dispersée presque sans grand combat. L'Alsace reste au Roi, & les Généraux de

5. Janv. 1675.

c) Ce trait devroit être en caracteres italiques, parce qu'il est de Lucain & qu'il est si beau qu'on le croiroit de Voltaire. D'ailleurs, c'est plutôt la louange de César & de Condé que celle de Turenne.

de l'Empire sont obligés de repasser le Rhin.

TOUTES ces actions consécutives, conduites avec tant d'art, si patiemment digérées, exécutées avec tant de promtitude, furent également admirées des François & des ennemis. La gloire de Turenne reçut un nouvel accroissement, quand on sût, que tout ce qu'il avoit fait dans cette campagne, il l'avoit fait malgré la Cour, & malgré les ordres réitérés de Louvois, donnés au nom du Roi. Résister à Louvois tout-puissant, & se charger de l'événement, malgré les cris de la Cour, les ordres du Maître & la haine du Ministre, ne fut pas la moindre marque du courage de Turenne, ni le moindre exploit de la campagne.

IL faut avoüer, que ceux qui ont plus d'humanité que d'estime pour les exploits de guerre, gémirent de cette campagne si glorieuse. Elle fut célébre par les malheurs des peuples, autant que par les expéditions de Turenne. Après la bataille de Sintzheim, Il mit a feu & à sang le Palatinat, païs uni & fertile, couvert de villes & de bourgs opulens. L'Electeur Palatin vit du haut de son château de Manheim *d*), deux villes &
vingt-

---

d) Mettez, *Heidelberg* : les historiens sont unanimes là-dessus.

vingt-cinq villages enflammés. Ce Prince défefpéré défia. Turenne à un combat fingulier, par une Lettre pleine de reproches. *e)* Turenne, aïant envoié la Lettre au Roi qui lui défendit d'accepter le cartel, ne répondit aux plaintes & au défi de l'Electeur, que par un compliment vague & qui ne fignifioit rien. C'étoit affez le ftile & l'ufage de Turenne, de s'exprimer toûjours avec modération & ambiguité.

IL brula, avec le même fang-froid, les fours & une partie des campagnes de l'Alface, pour empêcher les enemis de fubfifter. Il permit enfuite à fa cavalerie de ravager la Lorraine. On y fit tant de défordre, que l'Intendant, qui de fon côté défoloit la Lorraine avec fa plume, lui écrivit & lui parla fouvent, pour arrêter ces excès. Il répondoit froidement: *je le ferai dire à l'ordre.* Il aimoit mieux être appellé le pere des foldats qui lui étoient confiés, que des peuples qui, felon les loix de la guerre, font toûjours facrifiés. Tout le mal qu'il faifoit, paroiffoit néceffaire; fa gloire couvroit tout; & d'ailleurs, les foixante & dix-mille Allemans qu'il empêcha de pénétrer en France, y auroient fait beaucoup plus de mal, qu'il n'en

e) Ce cartel eft regardé comme apocriphe; il vient originairement d'un certain Du Buffon, François refugié.

n'en fit à l'Alsace, à la Lorraine & au Palatinat.

Le Prince de Condé, de son côté, donnoit en Flandre une bataille beaucoup plus sanglante que toutes ces actions du Vicomte de Turenne, mais moins heureuse & moins décisive, soit que les circonstances des lieux lui fussent moins favorables, soit qu'il eût pris des mesures moins justes, soit plûtôt qu'il eût des Généraux plus habiles & de meilleures troupes à combattre. Cette bataille fut celle de Sénef. Le Marquis de Feuquiéres veut qu'on ne lui donne que le nom de combat, parce que l'action ne se passa pas entre deux armées rangées, & que tous les corps n'agirent point: mais il paroît, qu'on s'accorde à nommer *bataille* cette journée si vive & si meurtrière. *f*) Le choc de trois-mille hommes rangés, dont tous les petits corps agissoient, ne seroit qu'un combat. C'est toûjours l'importance qui décide du nom.

Le Prince de Condé avoit à tenir la campagne avec environ quarante-cinq-mille hommes contre le Prince d'Orange, qui en avoit soixante-mille. Il attendit que l'armée ennemie passât un défilé à Sénef près de de Mons. Il attaqua une partie de l'arrière-garde

---

f) Retranchez cette dissertation grammaticale sur *bataille & combat*.

garde composée d'Espagnols, & y eut un grand avantage. On blama le Prince d'Orange de n'avoir pas pris assez de précaution dans le passage du défilé; mais on admira la manière dont il rétablit le désordre, & on n'approuva pas que Condé voulut ensuite recommencer le combat; contre des ennemis trop bien retranchés. On se battit à trois reprises. Les deux Généraux, dans ce mélange de fautes & de grandes actions, signalérent également leur présence d'esprit & leur courage. De tous les combats que donna le grand Condé, ce fut celui où il prodigua le plus sa vie & celle de ses soldats. Il eut trois chevaux tués sous lui. Il vouloit, après trois attaques meurtriéres, en hazarder encor une quatriéme. Il parut, dit un Officier qui y étoit, qu'il n'y avoit plus que le Prince de Condé qui eût envie de se battre. Ce que cette action eut de plus singulier, c'est que les troupes de part & d'autre, après les mêlées les plus sanglantes & les plus acharnées, prirent la fuite le soir, par une terreur panique. Le lendemain les deux armées se retirérent chacune de son côté, aucune n'aïant ni le champ de bataille, ni la victoire, toutes deux plûtôt également affoiblies. Il y eut près de sept-mille morts & cinq-mille prisonniers du côté des François;

les

JUSQU'A 1676. 239

les ennemis firent une perte égale g). Tant de sang inutilement répandu, empêcha l'une & l'autre armée de rien entreprendre de considérable. Il importe tant de donner de la réputation à ses armes, que le Prince d'Orange, pour faire croire qu'il avoit eû la victoire, assiégea Oudenarde; mais le Prince de Condé prouva qu'il n'avoit pas perdu la bataille, en faisant aussitôt lever le siége, & en poursuivant le Prince d'Orange.

ON observa également en France & chez les Alliés, la vaine cérémonie de rendre graces à Dieu d'une victoire qu'on n'avoit point remportée: usage établi pour encourager les peuples, qu'il faut toûjours tromper h).

TURENNE

g) Oui, à la moitié près, que le prince d'Orange perdit de plus.
h) Un écrivain supérieur, tel que Mr. de Voltaire, auroit du éloigner cette circonstance, ou du moins l'abreger, & au lieu d'une phrase dire en deux mots: *de part & d'autre on chanta le Te Deum.* Quand on le voit allonger des minuties, on a sujet de se plaindre de ce qu'il ne dit rien du fameux siège de Grave. Cette cérémonie encourage les peuples qu'il *faut toûjours tromper:* elle n'est donc pas vaine. *Aucun parti,* dit-il, *n'avoit remporté la victoire;* la victoire n'est elle pas à celui qui après avoir eu des avantages infinis dans trois combats consécutifs demeure maitre d'un champ de bataille, où il y a cinq mille morts des siens, & douze mille de l'ennemi?

TURENNE en Allemagne, avec une petite armée, continua des progrès qui étoient le fruit de son génie. Le Conseil de Vienne, n'osant plus confier la fortune de l'Empire à des Princes qui l'avoient mal défendu *i*), remit à la tête de ses armées le Général Montécuculi; celui qui avoit vaincu les Turcs à la journée de Saint-Gothard, & qui malgré Turenne & Condé, avoit joint le Prince d'Orange, & avoit arrêté la fortune de Louis XIV, après la conquête de trois provinces de Hollande.

ON a remarqué, que les plus grands Généraux de l'Empire ont souvent été tirés d'Italie. Ce païs, dans sa décadence & dans son esclavage, porte encor des hommes, qui font souvenir de ce qu'il étoit autrefois. Montécuculi étoit seul digne d'être opposé à Turenne. Tous deux avoient réduit la guerre en art. Ils passérent quatre mois à se suivre, à s'observer dans des marches & dans des campemens, plus estimés que des victoires par les Officiers Allemans & François. L'un & l'autre jugeoient de ce que son adversaire alloit tenter, par les démarches que lui-

i) Le grand Electeur ne l'avoit-il pas défendu avec beaucoup de sagesse & de gloire? Voiez les mémoires de Brandebourg: car il seroit inutile de citer à Mr. de Voltaire de vieux livres.

lui-même eût voulu faire à sa place, & ils ne se trompèrent jamais. Ils opposoient l'un à l'autre la patience, la ruse & l'activité; enfin ils étoient prêts d'en venir aux mains, & de commettre leur réputation au sort d'une bataille auprès du village de Saltz-bach, lorsque Turenne, en allant choisir une place pour dresser une batterie, fut tué d'un coup de canon *k*). Il n'y a personne qui ne sache les circonstances de cette mort; mais on ne peut se défendre d'en retracer les principales, par le même esprit qui fait qu'on en parle encor tous les jours *l*). Il semble qu'on ne puisse trop redire, que le même boulet qui le tua, aïant emporté le bras de Saint-Hilaire Lieutenant-Général de l'artillerie, son fils se jettant en larmes auprès de lui, *Ce n'est pas moi*, lui dit Saint-Hilaire, *c'est ce grand homme qu'il faut pleurer:* paroles comparables à tout ce que l'histoire a consacré de plus héroïque, & le plus digne éloge de Turenne. Il est très-rare, que sous

27. Juill. 1675.

Tome I.   Q   un

---

k) Turenne fut tué en allant reconnoitre un mouvement de l'infanterie ennemie, & en regardant une batterie que saint Hilaire lui montroit.

l) Après cette préface, qui croiroit qu'il n'en retrace aucune.

un gouvernement despotique, où les hommes ne sont occupés que de leur intérêt particulier, ceux qui ont servi la patrie meurent regrettés du public *m*). Cependant Turenne fut pleuré des soldats & des peuples. Louvois fut le seul, qui se réjouit de sa mort. On sait les honneurs que le Roi fit rendre à sa mémoire, & qu'il fut enterré à Saint-Denis comme le Connétable du Guesclin, au-dessus duquel la voix publique l'élève, autant que le siécle de Turenne est supérieur au siécle du Connétable.

TURENNE n'avoit pas eû toûjours des succès heureux à la guerre; il avoit été battu à Mariendal, à Rétel, à Cambrai; aussi disoit-il, qu'il avoit fait des fautes, & il étoit assez grand homme pour l'avouer. Il ne fit jamais de conquêtes éclatantes, & ne donna point de ces grandes batailles rangées, dont la décision rend une nation maîtresse

m) Cette réflexion est à propos de Turenne; elle n'est vraie tout au plus que dans les Etats despotiques; & Mr. de Voltaire sait bien que nous ne sommes pas assez malheureux pour avoir une pareille constitution, & que nos rois sont trop bons, trop justes, trop éclairés pour l'introduire. Du reste, il n'est rare en aucun païs, que ceux qui ont servi la patrie soient chéris & regrettés de la patrie; mais il n'y a point de patrie par tout où il y a un despote.

de l'autre; mais aïant toûjours réparé ses défaites, & fait beaucoup avec peu, il passa pour le plus habile Capitaine de l'Europe, dans un tems où l'art de la guerre étoit plus approfondi que jamais. De même, quoiqu'on lui eût reproché sa défection dans les guerres de la Fronde; quoiqu'à l'âge de près de soixante ans, l'amour lui eût fait révéler le secret de l'Etat; quoiqu'il eût exercé dans le Palatinat des cruautés qui ne sembloient pas nécessaires; il eut toûjours le bonheur de garder la réputation d'un homme de bien, sage & modéré, parce que ses vertus & ses grands talens, qui n'étoient qu'à lui, devoient faire oublier des foiblesses & des fautes, qui lui étoient communes avec tant d'autres hommes. Si on pouvoit le comparer à quelqu'un, on oseroit dire, que de tous les Généraux des siécles passés, Gonzalve de Cordouë surnommé le Grand Capitaine, est celui auquel il ressembloit davantage.

Né Calviniste il s'étoit fait Catholique l'an 1668. Aucun Protestant & même aucun Philosophe ne pensa que la persuasion seule eût fait ce changement dans un homme de guerre, dans un Politique âgé de cinquante années, qui avoit encor des maîtresses. On savoit que Louis XIV en le créant Maréchal-

Géné-

Général de ses armées, lui avoit dit ces propres paroles rapportées dans les Lettres de Pélisson & ailleurs, *je voudrois que vous m'obligeassiez à faire quelque chose de plus pour vous.* Ces paroles (selon eux) pouvoient avec le tems opérer une conversion. La place de Connêtable pouvoit tenter un cœur ambitieux. Il étoit possible aussi que cette conversion fut sincére. Le cœur humain rassemble souvent la politique, l'ambition, les foiblesses de l'amour, les sentimens de religion. Les Catholiques qui triomphérent de ce changement, ne crurent pas la grande ame de Turenne capable de dissimuler.

Ce qui arriva en Alsace immédiatement après la mort de Turenne, rendit sa perte encor plus sensible. Montécuculi, retenu par l'habileté du Général François trois mois entiers au de-là du Rhin, passa ce fleuve dez qu'il sut qu'il n'avoit plus Turenne à craindre. Il tomba sur une partie de l'armée, qui demeuroit éperduë entre les mains de Lorges & de Vaubrun, deux Lieutenans-Généraux désunis & incertains. Cette armée, se défendant avec courage, ne put empêcher les Impériaux de pénétrer dans l'Alsace *p*),

---

p) De Lorges & Vaubrun ne vouloient pas les en empêcher. Ils vouloient seulement passer le Rhin en sureté ; & c'est ce que Montecuculi

face, dont Turenne les avoit tenus écartés. Elle avoit non seulement besoin d'un chef pour la conduire, mais pour réparer la défaite récente du Maréchal de Créqui, homme d'un courage entreprenant, capable des actions les plus belles & les plus téméraires dangereux à sa patrie autant qu'aux ennemis *q*). Il venoit d'être vaincu par sa faute à Consarbruck *r*). Un corps de vingt-mille Allemans, qui assiégeoit Tréves, tailla en piéces & mit en fuite la petite armée de Créqui. Il échape à peine lui quatriéme. Il court, à travers de nouveaux périls, se jetter dans Tréves, qu'il auroit dû secourir avec prudence, & qu'il défendit avec courage. Il vouloit s'ensevelir sous les ruines de la place; la brêche étoit praticable: il s'obstine à tenir encore. La garnison murmure. Le Capitaine Bois-Jourdan, à la tête des séditieux, va capituler sur la brêche. On n'a point vu commettre une lâcheté avec tant d'audace. Il menace le Maréchal de le tuer, s'il ne signe. Créqui se retire,

11. Août 1675.

culli ne vouloit pas qu'ils fissent, & qu'ils firent pourtant malgré lui.

q) Je n'entends pas le fin de ce vis-à-vis.

r) Jugement injuste. Créqui n'avoit que neuf mille hommes; & se trouvoit réduit à soutenir les efforts de vingt mille. Il fit des prodiges de valeur; & malgré l'inégalité du nombre, il auroit peut-être vaincu, s'il n'avoit pas été abandonné de son armée.

retire, avec quelques Officiers fidéles, dans une église; & il aima mieux être pris à discrétion, que de capituler s).

POUR remplacer les hommes que la France avoit perdus dans tant de siéges & de combats, Louis XIV fut conseillé de ne se point tenir aux recrües de milices comme à l'ordinaire, mais de faire marcher le ban & l'arriére-ban.

PAR une ancienne coûtume, aujourd'hui hors d'usage *t*), les possesseurs des fiefs étoient dans l'obligation d'aller à leurs dépens à la guerre pour le service de leur Seigneur Suzerain, & de rester armés un certain nombre de jours. Ce service composoit la plus grande partie des loix de nos nations barbares. Tout est changé aujourd'hui en Europe; il n'y a aucun Etat qui ne léve des soldats, qu'on retient toûjours sous le drapeau, & qui forment des corps disciplinés.

LOUIS XIII convoqua une fois la Noblesse de son roiaume. Louis XIV suivit alors cet exemple. Le corps de la Noblesse marcha,

s) Il semble par ce récit, que Créqui refusa. Cependant il est très sûr qu'il eut la foiblesse de signer la capitulation, dont le premier article étoit qu'il seroit prisonnier de guerre.

t) *Une coutume, hors d'usage*: expression peu correcte. J'en dis autant de la suivante: *Les possesseurs des fiefs étoient dans l'obligation.*

marcha, sous les ordres du Marquis u) depuis Maréchal de Rochefort, sur les frontiéres de Flandre, & après sur celles d'Allemagne; mais ce corps ne fut ni considérable ni utile, & ne pouvoit l'être. Les Gentilshommes, aimant la guerre & capables de bien servir, étoient Officiers dans les troupes; ceux que l'âge ou le mécontentement tenoient renfermés, ne sortirent point de chez eux; les autres qui s'occupoient à cultiver leurs héritages, vinrent avec répugnance au nombre d'environ quatre-mille. Rien ne ressembloit moins à une troupe guerriére. Tous montés & armés inégalement, sans expérience & sans exercice, ne pouvant ni ne voulant un service régulier, ils ne causerent que de l'embarras, & on fut dégoûté d'eux pour jamais. Ce fut la derniére trace dans nos armées réglées, qu'on ait vuë de l'ancienne chevalerie, qui composoit autrefois ces armées, & qui avec le courage naturel à la nation, ne fit jamais bien la guerre x).

TURENNE mort, Créqui battu & prisonnier, Tréves prise, Montécuculi faisant contribuer l'Alsace, le Roi crut que le Prince de Condé pouvoit seul ranimer la confiance

---

u) Rochefort étoit alors Maréchal de France.
x) La guerre de cent ans que nous eumes avec les Anglois est une preuve du contraire.

fiance des troupes, que décourageoit la mort de Turenne. Condé laissa le Maréchal de Luxembourg soûtenir en Flandre la fortune de la France, & alla arrêter les progrès de Montécuculi. Autant il venoit de montrer d'impétuosité à Sénef, autant il eut alors de patience. Son génie, qui se plioit à tout, déploïa le même art que Turenne. Deux seuls campemens arrêtèrent les progrès de l'armée Allemande, & firent lever à Montécuculi les siéges d'Haguenau & de Saverne. Après cette campagne, moins éclatante que celle de Sénef & plus estimée, ce Prince cessa de paroître à la guerre *y*). Il eût voulu que son fils commandât ; il offroit de lui servir de conseil ; mais le Roi ne vouloit pour Généraux, ni de jeunes-gens ni de Princes ; c'étoit même avec quelque peine, qu'il s'étoit servi de Condé lui-même. La jalousie de Louvois contre Turenne avoit contribué, autant que le nom de Condé, à le mettre à la tête des armées.

CE Prince se retira à Chantilli, d'où il vint très rarement à Versailles voir sa gloire éclipsée, dans un lieu où le courtisan ne considère que la faveur. Il passa le reste de sa vie tourmenté de la goute, se consolant de ses douleurs & de sa retraite, dans la conversation

y) On dit, *paroitre à la cour.*

versation des hommes de génie en tout genre, dont la France étoit alors remplie. Il étoit digne de les entendre, & n'étoit étranger dans aucune des Sciences ni des Arts où ils brilloient. Il fut admiré encor dans sa retraite: mais enfin ce feu dévorant, qui en avoit fait dans sa jeunesse un héros impétueux & plein de passions, aïant consumé les forces de son corps né plus agile que robuste, il éprouva la caducité avant le tems; & son esprit s'affoiblissant avec son corps, il ne resta rien du grand Condé les deux dernières années de la vie z): il mourut en 1680. Montécuculi se retira du service de l'Empereur, en même tems que le Prince de Condé cessa de commander les armées de France a).

CHAPITRE DOUZIEME.
Depuis la mort de Turenne, jusqu'à la Paix de Nimégue en 1678.

APRE'S la mort de Turenne & la retraite du Prince de Condé, le Roi n'en con-

---

z) Ceux qui voioient Condé voioient toujours un héros.

a) Dans ce chapitre, tous les évenemens sont transposez; c'est une confusion horrible. On diroit que l'auteur écrit un poëme épique.

continua pas la guerre avec moins d'avantage, contre l'Empire, l'Espagne & la Hollande. Il avoit des Officiers formés par ces deux grands hommes. Il avoit Louvois, qui lui valoit plus qu'un Général, parce que sa prévoïance mettoit les Généraux en état d'entreprendre tout ce qu'ils vouloient. Les troupes, longtems victorieuses, étoient animées du même esprit, qu'excitoit encor la présence d'un Roi toûjours heureux.

Il prit en personne, dans le cours de cette guerre, (a) Condé, (b) Bouchain, (c) Valenciennes, (d) Cambrai. On l'accusa, au siége de Bouchain, d'avoir craint de combattre le Prince d'Orange, qui vint se présenter devant lui avec cinquante-mille hommes, pour tenter de jetter du secours dans sa place. On reproche aussi au Prince d'Orange, d'avoir pu donner bataille à Louis XIV & de ne l'avoir pas fait. Car tel est le sort des Rois & des Généraux, qu'on les blâme toûjours de ce qu'ils font & de ce qu'ils ne font pas; mais ni lui ni le Prince d'Orange n'étoient blâmables. Le Prince ne donna point la bataille quoiqu'il le voulût, parce que Monterey Gouverneur des Païs-Bas, qui étoit dans son armée, ne voulut point exposer son Gouvernement au hazard d'un événement décisif; & la gloire de la campa-

(a) 26 Avril 1676.
(b) 11 Mai 1676.
(c) 17 Mars 1677.
(d) 5 Avril 1677.

campagne demeura au Roi, puisqu'il fit ce qu'il voulut, & qu'il prit une ville en présence de son ennemi.

A l'égard de Valenciennes, elle fut prise d'assaut, par un de ces événemens singuliers qui caractérisent le courage impétueux de la nation.

Le Roi faisant ce siége, aïant avec lui son frere & cinq Maréchaux de France, d'Humiéres, Schomberg, La Feüillade, Luxembourg & de Lorges. Les Maréchaux commandoient chacun leur jour, l'un après l'autre. Vauban dirigeoit toutes les opérations.

On n'avoit pris encor aucun des dehors de la place. Il falloit d'abord attaquer deux demi-lunes. Derriére ces demi-lunes, étoit un grand ouvrage couronné, palissadé & fraisé, entouré d'un fossé coupé de plusieurs traverses. Dans cet ouvrage couronné, étoit encor un autre ouvrage, entouré d'un autre fossé. Il falloit, après s'être rendu maître de tous ces retranchemens, franchir un bras de l'Escaut. Ce bras franchi, on trouvoit encor un autre ouvrage, qu'on nomme pâté. Derriére ce pâté, couloit le grand cours de l'Escaut, profond & rapide, qui sert de fossé à la muraille. Enfin la muraille étoit soûtenuë par de larges remparts.

parts. Tous ces ouvrages étoient couverts de canons. Une garnison de trois mille hommes préparoit une longue résistance.

Le Roi tint conseil de guerre, pour attaquer les ouvrages du dehors. C'étoit l'usage, que ces attaques se fissent toûjours pendant la nuit, afin de marcher aux ennemis sans être apperçu, & d'épargner le sang du soldat. Vauban proposa de faire l'attaque en plein jour. Tous les Maréchaux de France se récriérent contre cette proposition. Louvois la condamna. Vauban tint ferme, avec la confiance d'un homme certain de ce qu'il avance. ,, Vous voulez, dit-il,ména-
,, ger le sang du soldat : vous l'épargnerez
,, bien davantage, quand il combattra de
,, jour, sans confusion & sans tumulte, sans
,, craindre qu'une partie de nos gens tire sur
,, l'autre, comme il n'arrive que trop sou-
,, vent. Il s'agit de surprendre l'ennemi ;
,, il s'attend toujours aux attaques de nuit :
,, nous le surprendrons en effet, lorsqu'il
,, faudra qu'épuisé des fatigues d'une veille,
,, il soûtienne les efforts de nos troupes frai-
,, ches. Ajoûtez à cette raison, que s'il y a
,, dans cette armée des soldats de peu de
,, courage, la nuit favorise leur timidité ;
,, mais que pendant le jour, l'œil du maître
,, inspire

JUSQU'A 1678.

„ inspire la valeur & éléve les hommes au
„ dessus d'eux-mêmes *a*).

A NEUF heures du matin, les deux compagnies de mousquetaires, une centaine de grenadiers, un bataillon des gardes, un du régiment de Picardie, montent de tous côtés sur ce grand ouvrage à couronne. L'ordre étoit simplement de s'y loger, & c'étoit beaucoup. Mais quelques mousquetaires noirs, aïant pénétré par un petit sentier jusqu'au retranchement intérieur qui étoit dans cet ouvrage, ils s'en rendent d'abord les maîtres. Dans le même tems les mousquetaires gris y abordent par un autre endroit. Les bataillons des gardes les suivent. On tuë & on poursuit les assiégés. Les mousquetaires baissent le pontlevis, qui joint cet ouvrage aux autres. Ils suivent l'ennemi de retranchement en retranchement, sur le petit bras de l'Escaut & sur le grand. Les gardes s'avancent en foule. Les mousquetaires sont déjà dans la ville, avant que le Roi sache que le premier ouvrage attaqué est emporté.

CE n'étoit pas encor ce qu'il y eut de plus étrange dans cette action. Il étoit vraisemblable que des jeunes mousquetaires, emportés par l'ardeur du succès, se jetteroient

a) Ce discours est plus beau que tous ceux de Tite Live & de Quinte-Curce.

aveuglément sur les troupes & sur les bourgeois, qui venoient à eux dans la ruë; qu'ils y périroient, ou que la ville alloit être pillée: mais ces jeunes-gens, conduits par un Cornette nommé Moissac, se mirent en bataille derriére des charrettes; & tandis que les troupes qui venoient, se formoient sans précipitation, d'autres mousquetaires s'emparoient des maisons voisines, pour protéger par leur feu ceux qui étoient dans la ruë: on donnoit des ôtages de part & d'autre: le Conseil de ville s'assembloit: on députoit vers le Roi: tout cela se faisoit, sans qu'il y eût rien de pillé, sans confusion, sans faire de fautes d'aucune espéce. Le Roi fit la garnison prisonniére de guerre, & entra dans Valenciennes, étonné d'en être le maître. La singularité de l'action a engagé à entrer dans ce détail.

(a) 9 Mars 1678.
(b) 25 Mars 1678.

Il eut encore la gloire de prendre (a) Gand en quatre jours & (b) Ypres en sept. Voilà ce qu'il fit par lui-même. Ses succès furent encor plus grands par ses Généraux.

Sept. 1676.

Le Maréchal Duc de Luxembourg laissa d'abord, à la vérité, prendre Philipsbourg à sa vuë, essaïant en vain de la secourir avec une armée de cinquante-mille hommes. Le Général, qui prit Philipsbourg, étoit Charles

les V, nouveau Duc de Lorraine, héritier de son oncle Charles IV, & dépouillé comme lui de ses Etats. Il avoit toutes les qualités de son malheureux oncle, sans en avoir les défauts. Il commanda longtems les armées de l'Empire avec gloire. Mais malgré la prise de Philipsbourg, & quoiqu'il fût à la tête de soixante-mille combattans, il ne pût jamais rentrer dans ses Etats. En vain il mit sur ses étendarts, *aut nunc, aut nunquam*, ou maintenant, ou jamais. Le Maréchal de Créqui, racheté de sa prison & devenu plus prudent par sa défaite de Consarbruck, lui ferma toujours l'entrée de la Lorraine. Il le battit dans le petit combat de Kokersberg en Alsace. Il le harcela & le fatigua sans relâche. Il prit Fribourg à sa vuë; & quelque tems après, il battit encor un détachement de son armée à Rheinfeld. Il passa la rivière de Kins en sa présence, le poursuivit vers Offembourg, le chargea dans sa retraire; & aïant immédiatement après emporté le Fort de Kehl l'épée à la main, il alla bruler le pont de Strasbourg, par lequel cette ville, qui étoit libre encor, avoit donné tant de fois passage aux armées impériales. Ainsi le Maréchal de Créqui répara un jour de témérité, par une suite de succès dûs à sa prudence, & il eût peut-être acquis une répu-

7 Oct. 1677.

14 Nov. 1677.

Juill. 1678.

tation

tation égale à celle de Turenne, s'il eût vécu.

LE Prince d'Orange ne fut pas plus heureux que le Duc de Lorraine : non seulement il fut obligé de lever le siége de Maſtricht & de Charleroi ; mais après avoir laiſſé tomber Condé, Bouchain & Valenciennes, ſous la puiſſance de Louis XIV, il perdit la bataille de Montcaſſel contre Monſieur, en voulant ſecourir Saint-Omer. Les Maréchaux de Luxembourg & d'Humiéres commandoient l'armée ſous Monſieur. On prétend qu'une faute du Prince d'Orange, & un mouvement habile de Luxembourg, décidérent du gain de la bataille. Monſieur chargea avec une valeur & une préſence d'eſprit, qu'on n'attendoit pas d'un Prince efféminé. Jamais on ne vit un plus grand exemple, que le courage n'eſt point incompatible avec la molleſſe. Ce Prince, qui s'habilloit preſque toujours en femme, qui en avoit les inclinations, qui couchoit coëffé en cornette, qui mettoit du rouge & des mouches, agit en Capitaine & en ſoldat. Le Roi ſon frere fut, dit-on, un peu jaloux de ſa gloire. Il parla peu à Monſieur de ſa victoire. Il n'alla pas même voir le champ de bataille, quoiqu'il ſe trouvat auprès. Quelques ſerviteurs de

11 Mars 1677.

de Monſieur *b*), plus pénétrans que les autres, lui prédirent alors, qu'il ne commanderoit plus d'armée, & ils ne ſe trompérent pas.

TANT de villes priſes, tant de combats gagnés en Flandre & en Allemagne, n'étoient pas les ſeuls ſuccès de Louis XIV dans cette guerre. Le Maréchal de Navailles battoit les Eſpagnols dans le Lampourdan au pied des Pirénées. On les attaquoit juſques dans la Sicile.

LA Sicile, depuis le tems des Tyrans de Syracuſe, ſous leſquels au moins elle avoit été comptée pour quelque choſe dans le monde, a toujours été ſubjuguée par des étrangers; aſſervie ſucceſſivement aux Romains, aux Vandales, aux Arabes, aux Normans ſous le vaſſelage des Papes, aux François, aux Allemans, aux Eſpagnols; haïſſant preſque toujours ſes maîtres, ſe revoltant contre eux, ſans faire de véritables efforts dignes de la liberté, & excitant continuellement des ſéditions pour changer de chaines.

LES magiſtrats de Meſſine venoient d'allumer une guerre civile contre leurs Gouverneurs, & d'appeller la France à leur ſecours.

Tome I.   R   Une

---

b) On dit le ſerviteur d'Abraham, le ſerviteur d'Elie, & les domeſtiques ou officiers de Monſieur, du Dauphin.

Une Flotte Espagnole bloquoit leur port. Ils étoient reduits aux extremités de la famine.

D'ABORD le Chevalier de Valbelle vint avec quelques frégates à travers la flotte Espagnole. Il apporta à Messine des vivres, des armes & des soldats. Ensuite le Duc de Vivonne arrive avec sept vaisseaux de guerre de soixante piéces de canon, deux de quatre-vingt, & plusieurs brûlots; il bat la flotte ennemie, & rentre victorieux dans Messine.

9. Fevr. 1675.

L'ESPAGNE est obligée d'implorer, pour la défense de la Sicile, les Hollandois ses anciens ennemis, qu'on regardoit toujours comme les maîtres de la mer. Ruiter vient à son secours du fond du Zuidersée, passe le détroit, & joint à vingt vaisseaux espagnols, vingt-trois grands vaisseaux de guerre.

ALORS les François, qui joints avec les Anglois, n'avoient pû battre les Flottes de Hollande, l'emportérent seuls sur les Hollandois & les Espagnols réunis. Le Duc de Vivonne, obligé de rester dans Messine pour contenir le peuple déja mécontent de ses défenseurs, laissa donner cette bataille par Duquêne; Lieutenant-Général des armées navales; homme aussi singulier c) que Ruiter, parvenu comme lui au commandement

8. Janv. 1676.

---

c) Duquesne est mal peint. Il n'étoit point singulier.

à force de mérite, mais n'aïant encor jamais commandé d'armée navale, & plus signalé jusqu'à ce moment dans l'art d'un armateur, que dans celui d'un Général. Mais quiconque a le génie de son art & du commandement, passe bien vite & sans effort du petit au grand. Duquêne se montra grand Général de mer contre Ruiter. C'étoit l'être que de remporter sur ce Hollandois un foible avantage. Il livra encor une seconde bataille navale aux deux flottes ennemies près d'Agouste. Ruiter, blessé dans cette bataille, y termina sa glorieuse vie. C'est un des hommes, dont la mémoire est encor dans la plus grande vénération en Hollande. Il avoit commencé par être valet & mousse de vaisseau; il n'en fut que plus respectable. Le nom des Princes de Nassau n'est pas au dessus du sien. Le Conseil d'Espagne lui donna le titre & les patentes de Duc; dignité étrangére & frivole pour un républicain. Ces patentes ne vinrent qu'après sa mort. Les enfans de Ruiter, dignes de leur pere, refusérent *d*) ce titre si brigué dans nos Monarchies,

12. Mars 1676.

---

d) D'où l'auteur a t'il pris cette anecdote? comment la concilier avec l'obstination du fils aîné à se parer du cordon de l'ordre de l'Elephant que le Dannemarc avoit donné à son pere, & qui ne fut jamais héréditaire.

narchies, mais qui n'eſt pas préférable au nom de bon citoïen *e*).

DUQUENE, le Ruiter de la France, attaqua une troiſiéme fois les deux flottes, après la mort du Général Hollandois. Il leur coula à fond, brûla & prit pluſieurs vaiſſeaux. Le Maréchal Duc de Vivonne avoit le commandement en chef dans cette bataille; mais ce n'en fut pas moins Duquêne qui remporta la victoire. L'Europe étoit étonnée, que la France fût devenuë en ſi peu de tems auſſi redoutable ſur mer, que ſur terre. Il eſt vrai, que ces armemens & ces batailles gagnées, ne ſervirent qu'à répandre l'allarme dans tous les Etats. Le Roi d'Angleterre, aïant commencé la guerre pour l'intérêt de la France, étoit prêt enfin de ſe liguer avec le Prince d'Orange, qui venoit d'épouſer ſa niéce. De plus la gloire acquiſe en Sicile coûtoit trop de tréſors. Enfin les François évacuérent Meſſine, dans le tems qu'on croïoit qu'ils ſe rendroient maîtres de toute l'Ile. On blâma beaucoup Louis XIV, d'avoir fait dans cette guerre des entrepriſes, qu'il ne ſoûtint pas, & d'avoir

8. Avril 1678.

---

e) C'eſt ne rien dire. Si l'auteur avoit dit avec Montaigne qu'un bon citoïen eſt cent braſſées au deſſus d'un Duc & Pair, il auroit dit quelque choſe.

voir abandonné Messine, ainsi que la Hollande, après des victoires inutiles.

CEPENDANT c'étoit être bien redoutable de n'avoir d'autre malheur, que de ne pas conserver toutes ses conquêtes. Il pressoit ses ennemis d'un bout de l'Europe à l'autre. La guerre de Sicile lui avoit coûté beaucoup moins, qu'à l'Espagne épuisée & battuë en tous lieux. Il suscitoit encor de nouveaux ennemis à la maison d'Autriche. Il fomentoit les troubles de Hongrie; & ses Ambassadeurs à la Porte Ottomane la pressoient de porter la guerre dans l'Allemagne, dût-il envoier encor, par bienséance, quelque secours contre les Turcs, appellés par sa politique. Il accabloit seul tous ses ennemis. Car alors la Suéde, son unique Alliée, ne faisoit qu'une guerre malheureuse contre l'Electeur de Brandebourg. Cet Electeur, pere du premier Roi de Prusse, commençoit à donner à son païs une considération qui s'est bien augmentée depuis: il enlevoit alors la Pomeranie aux Suédois. Il est remarquable que dans le cours de cette guerre, il y eut presque toûjours des Conférences ouvertes pour la Paix; d'abord à Cologne, par la médiation inutile de la Suéde; ensuite à Nimégue, par celle de l'Angleterre. La médiation angloise fut une cérémonie presque aussi vaine, que l'avoit été l'arbitrage du Pape au Traité d'Aix la Chapelle. Louis XIV. fut en effet le seul arbitre. Il fit ses propositions le neuf d'Avril 1678, au milieu de ses conquêtes, & donna à ses ennemis jusqu'au dix de Mai pour les accepter. Il accorda ensuite un délai de six semaines aux Etats-Généraux, qui le demandèrent avec soumission.

SON ambition ne se tournoit plus alors du côté de la Hollande. Cette République avoit été assez heureuse ou assez adroite, pour ne paroître plus qu'auxiliaire, dans une guerre entreprise pour sa ruïne. L'Empire & l'Espagne, d'abord auxiliaires, étoient devenuës les principales parties.

LE Roi, dans les conditions qu'il imposa, favorisoit le commerce des Hollandois; il leur rendoit Mastricht, & remettoit aux Espagnols quelques villes, qui devoient servir de barriére aux Provinces-Unies, comme Charleroi, Courtrai, Oudenarde, Ath, Gand, Limbourg. Mais il se réservoit Bouchain, Condé, Ypres, Valenciennes, Cambrai, Maubeuge, Aire, Saint-Omer, Cassel, Charlemont, Popering, Bailleul, &c., qui faisoit une bonne partie de la Flandre. Il y ajoûtoit la Franche-Comté, qu'il avoit

deux

deux fois conquife; & ces deux provinces étoient un affez digne fruit de la guerre.

Il ne vouloit de l'Empire, que Fribourg ou Philipsbourg, & laiffoit le choix à l'Empereur. Il rétabliffoit dans l'Evêché de Strasbourg & dans leurs terres, les deux freres Furftemberg, que l'Empereur avoit dépouillés, & dont l'un étoit en prifon. La Suéde, fidelle à la France, devoit avoir par ce Traité de grands avantages: une partie de la Poméranie qu'elle avoit perduë, devoit être cédée par l'Electeur de Brandebourg au Roi de Suéde.

QUANT à la Lorraine, il offroit de rétablir le nouveau Duc Charles V; mais il vouloit refter maître de Nanci, & de tous les grands chemins.

CES conditions furent fixées avec la hauteur d'un Conquérant; cependant elles n'étoient pas fi outrées, qu'elles duffent défefpérer fes ennemis, & les obliger à fe réunir contre lui, par un dernier effort; il parloit à l'Europe en Maître, & agiffoit en même tems en Politique.

IL fut aux Conférences de Nimégue femer la jaloufie parmi les Alliés. Les Hollandois s'empreffèrent de figner, malgré le Prince d'Orange qui, à quelque prix que ce fût, vouloit faire la guerre; ils difoient, que

les

les Espagnols étoient trop foibles pour les secourir, s'ils ne signoient pas.

Les Espagnols, voïant que les Hollandois avoient accepté la paix, la reçurent aussi, disant que l'Empire ne faisoit pas assez d'efforts pour la cause commune.

Enfin les Allemans, abandonnés de la Hollande & de l'Espagne, signèrent les derniers, en laissant Fribourg au Roi, & confirmant les Traités de Westphalie.

Rien ne fut changé aux conditions préscrites par Louis XIV. L'Europe reçut de lui des loix & la paix. Il n'y eut que le Duc de Lorraine, qui osa refuser l'acceptation d'un Traité, qui lui sembloit trop odieux *f*). Il aima mieux être un Prince errant dans l'Empire, qu'un Souverain sans pouvoir & sans honneur

---

f) Comptez-vous pour rien l'Electeur de Brandebourg. Il figuroit pourtant bien mieux en Europe que ce Duc de Lorraine; il battoit les Suédois, leur prenoit la Poméranie, & jettoit les fondemens de la considération & de la grandeur où sa maison s'est élevée depuis. Il refusa avec hauteur les conditions de paix, que Louis XIV lui offroit, & loin d'acceder au traité de Nimégue, il continua à combattre & à vaincre. Ce ne fut que l'année suivante, qu'il fit une paix avantageuse à St. Germain en Laye. Tout cela ne devoit pas être oublié dans un livre écrit à Potsdam.

honneur dans ses Etats; il attendit sa fortune du tems & de son courage.

Dans le tems des Conférences de Nimégue, & quatre jours après que les Plénipotentiaires de France & de Hollande avoient signé la paix, le Prince d'Orange fit voir combien Louis XIV avoit en lui un ennemi dangereux. Le Maréchal de Luxembourg, qui bloquoit Mons, venoit de recevoir la nouvelle de la paix. Il étoit tranquile dans le village de Saint-Denis, & dinoit chez l'Intendant de l'armée. Le Prince d'Orange, avec toutes ses troupes, fond sur le quartier du Maréchal, le force, & engage un combat sanglant, long & opiniâtre, dont il espéroit avec raison une victoire signalée; car non seulement il attaquoit, ce qui est un avantage, mais il attaquoit des troupes qui se reposoient sur la foi du Traité. Le Maréchal de Luxembourg eut beaucoup de peine à résister: & s'il y eut quelque avantage dans ce combat, il fut du côté du Prince d'Orange, puisque son infanterie demeura maîtresse du terrain, où elle avoit combattu.

Si les hommes ambitieux comptoient pour quelque chose le sang des autres hommes, le Prince d'Orange n'eût point donné ce combat. Il savoit certainement, ou que la paix étoit signée g), ou qu'elle l'alloit être : il savoit, que cette paix étoit avantageuse à son païs; cependant il prodiguoit sa vie & celle de plusieurs milliers d'hommes h), pour prémices d'une paix générale, qu'il n'auroit pû empêcher, même en battant les François, tant elle étoit avancée. Cette action, pleine d'inhumanité mais de grandeur, & plus admirée alors que blâmée, ne produisit pas un nouvel article de paix, & coûta sans aucun fruit la vie à deux mille François, & à autant d'ennemis. On vit dans cette paix, combien les événemens contredisent les projets. La Hollande, contre qui seule la guerre avoit été entreprise & qui auroit dû être détruite, n'y perdit rien; au contraire elle y gagna une barriére : & toutes les autres Puissances, qui l'avoient garantie de la destruction, y perdirent.

Le Roi fut en ce tems au comble de la grandeur. Victorieux depuis qu'il regnoit, n'aïant

g) Il savoit que la paix étoit signée. Voiez les Mémoires de Gourville à qui il l'avoua, p. 222. T. 2.

h) Il prodigua la vie de plusieurs milliers d'hommes pour prendre, dît-il à Gourville, une leçon qui put lui servir une autre fois. Il avoit consideré, ajoutoit-il, que s'il perdoit quelque monde, cela ne seroit d'aucune conséquence, puisqu'aussi bien il falloit en réformer.

n'aïant assiégé aucune place qu'il n'eût prise, supérieur en tout genre à ses ennemis réunis, la terreur de l'Europe pendant six années de suite, enfin son Arbitre & son Pacificateur, ajoûtant à ses Etats la Franche-Comté, Dunkerque, & la moitié de la Flandre ; & ce qu'il devoit compter pour le plus grand de ses avantages, Roi d'une nation alors heureuse, & alors le modèle des autres nations. L'hôtel de ville de Paris lui déféra quelque tems après, en 1680, le nom de *Grand* avec solemnité, & ordonna que dorénavant ce titre seul seroit emploïé dans tous les monumens publics. On avoit dès 1673 frapé quelques médailles chargées de ce surnom. L'Europe, quoique jalouse, ne réclama pas contre ces honneurs. Cependant le nom de Louis XIV a prévalu dans le public sur celui de Grand. L'usage est le maître de tout. Henri, qui fut surnommé le Grand à si juste titre après sa mort, est appellé communément Henri Quatre ; & ce nom seul en dit assez. Monsieur le Prince est toûjours appellé le Grand Condé, non seulement à cause de ses actions héroïques, mais par la facilité qui se trouve à le distinguer, par ce surnom, des autres Princes de Condé. Si on l'avoit nommé Condé le Grand, ce titre ne lui fût pas demeuré. On dit le
Grand

Grand Corneille, pour le diftinguer de fon frere. On ne dit pas le Grand Virgile, ni le Grand Homére, ni le Grand Taffe. Alexandre le Grand n'eft plus connu que fous le nom d'Alexandre. Charles-Quint, dont la fortune fut plus éclatante que celle de Louis XIV, n'a jamais eu le nom de Grand. Il n'eft refté à Charle-Magne que comme un nom propre. Les titres ne fervant de rien pour la poftérité; le nom d'un homme, qui a fait de grandes chofes, impofe plus de respect que toutes les épithétes *i*).

i) Le gout profcrit cette petite differtation de Grammaire fur le furnom de Grand; elle n'appartient point à l'objet principal; & de plus elle n'eft pas exacte.

CHAPITRE TREIZIEME.

Prise de Strasbourg: bombardement d'Alger: soumission de Gênes: Ambassade de Siam: Pape humilié: Electorat de Cologne disputé.

L'AMBITION de Louis XIV ne fut point retenuë par cette paix générale. L'Empire, l'Espagne, la Hollande, licenciérent leurs troupes extraordinaires. Il garda toutes les siennes. Il fit de la paix, un tems même de conquêtes. Il étoit si sûr alors de son pouvoir, qu'il établit dans Metz & dans Brisac des Jurisdictions, pour réunir à sa couronne toutes les terres, qui pouvoient avoir été autrefois de la dépendance de l'Alsace ou des trois Evêchés, mais qui depuis un tems immémorial avoient passé sous d'autres maîtres. Beaucoup de Souverains de l'Empire, l'Electeur Palatin, le Roi d'Espagne même, qui avoit quelques baillages dans ces païs, furent cités devant ces Chambres, pour rendre hommage au Roi de France, ou pour subir la confiscation de leurs biens. On n'avoit vû depuis Charlemagne, aucun Prince agir ainsi en Maître

& en

& en Juge des Souverains, & conquérir des païs par des Arrêts.

L'Electeur Palatin & celui de Tréves furent dépouillés des Seigneuries de Falkenbourg, de Germersheim, de Veldentz, &c. Ils portérent en vain leurs plaintes à l'Empire assemblé à Ratisbonne, qui se contenta de faire des protestations.

Ce n'étoit pas assez au Roi d'avoir la Préfecture des dix villes libres de l'Alsace, au même titre que l'avoient eût les Empereurs. Déja dans aucune de ces villes, on n'osoit plus parler de liberté. Restoit Strasbourg, ville grande & riche, maîtresse du Rhin par le pont qu'elle avoit sur ce fleuve, & qui formoit seule une puissante République, fameuse par son arsenal, qui renfermoit neuf-cent piéces d'artillerie.

Louvois avoit formé dès long-tems le dessein de la donner à son Maître. L'or, l'intrigue & la terreur, qui lui avoient ouvert les portes de tant de villes, préparérent l'entrée de Louvois dans Strasbourg. Les magistrats furent gagnés. Le peuple fut consterné de voir à la fois vingt-mille François autour de leurs remparts; les Forts, qui les défendoient près du Rhin, insultés & pris dans un moment; Louvois à leurs portes, &

leurs

leurs Bourguemestres parlant de se rendre. Les pleurs & le désespoir des citoïens amoureux de la liberté, n'empêchérent point, qu'en un même jour le traité de reddition ne fût proposé par les magistrats, & que Louvois ne prit possession de la ville. Vauban l'a renduë depuis, par les fortifications qui l'entourent, la barriére la plus forte de la France. *a)*

30. Sept. 1681.

LE Roi ne ménageoit pas plus l'Espagne; il demandoit dans les Païs-Bas la ville d'Alost & tout son baillage, que les Ministres avoient oublié, disoient-ils, d'insérer dans les conditions de la paix; & sur les délais de l'Espagne, il fit bloquer la ville de Luxembourg.

EN même-tems il achetoit la forte ville de Casal d'un petit Prince Duc de Mantouë, qui auroit vendu tout son Etat pour fournir à ses plaisirs.

EN voïant cette Puissance, qui s'étendoit ainsi de tous côtés, & qui acquéroit pendant la paix, plus que dix Rois prédécesseurs de Louis XIV n'avoient acquis par leurs guerres *b)*, les allarmes de l'Europe recommencérent,

a) Pour parler exactement, il faudroit dire, *une des plus fortes barrieres.*
b) Ce n'est là que de la déclamation.

rent. L'Empire, la Hollande, la Suéde même mécontente du Roi, firent un Traité d'Association. Les Anglois menacérent; les Espagnols voulurent la guerre; le Prince d'Orange remua tout pour la faire commencer: mais aucune Puissance n'osoit alors porter les premiers coups.

Le Roi, craint par tout, ne songea qu'à se faire craindre davantage. Il portoit enfin sa marine au de-là des espérances des François & des craintes de l'Europe. Il eut soixante-mille matelots c). Des loix, aussi sévéres que celles de la discipline des armées de terre, retenoient tous ces hommes grossiers dans le devoir. L'Angleterre & la Hollande, ces Puissances Maritimes, n'avoient ni tant d'hommes de mer, ni de si bonnes loix. Des compagnies de cadets dans les places frontiéres, & des gardes-marines dans les ports, furent instituées, & composées de jeunes-gens, qui apprenoient tous les arts convenables à leur profession, sous des maîtres païés du trésor public.

1680.
1681.
1682.

Le port de Toulon sur la méditerranée fut construit à frais immenses, pour contenir cent vaisseaux de guerre, avec un arsenal,

c) Rabattez en un quart; & la figure sera supportable.

senal, & des magazins magnifiques. Sur l'ocean, le port de Brest se formoit avec la même grandeur. Dunkerque, le Havre de Grace, se remplissoient de vaisseaux. La nature étoit forcée à Rochefort.

ENFIN le Roi avoit plus de cent gros vaisseaux de ligne, dont plusieurs portoient cent canons, & quelques-uns davantage. Ils ne restoient pas oisifs dans les ports. Ses Escadres, sous le commandement de Duquêne, nettoioient les mers infestées par les Corsaires de Tripoli & d'Alger. Il se vengea d'Alger avec le secours d'un art nouveau, dont la découverte fut duë à cette attention qu'il avoit, d'exciter tous les génies de son siécle. Cet art funeste, mais admirable, est celui des galiotes à bombes, avec lesquelles on peut réduire des villes maritimes en cendres. Il y avoit un jeune homme nommé Bernard Renaud, connu sous le nom du Petit Renaud, qui, sans avoir jamais servi sur les vaisseaux, étoit un excellent marin à force de génie *d*). Colbert, qui déterroit le mérite dans l'obscurité, l'avoit souvent appéllé au Conseil de marine, même en présence du Roi. C'étoit par les soins & sur les lumiéres de Renaud, que l'on

Tome I. S sui-

d) *A force* de genie, *à force* de talens, *à force* de mérite. Variez; eloignez ces expressions parasites.

suivoit depuis peu une méthode plus régulière & plus facile, pour la construction des vaisseaux. Il osa proposer dans le Conseil, de bombarder Alger avec une flotte. On n'avoit pas d'idée, que les mortiers à bombes pussent n'être pas posés sur un terrain solide. La proposition révolta. Il essuia les contradictions & les railleries, que tout inventeur doit attendre ; mais sa fermeté, & cette éloquence qu'ont d'ordinaire les hommes vivement frapés de leurs inventions, détermina le Roi, à permettre l'essai de cette nouveauté.

Renaud fit construire cinq vaisseaux, plus petits que les vaisseaux ordinaires, mais plus forts de bois, sans ponts, avec un faux-tillac à fond de cale, sur lequel on maçonna des creux, où l'on mit les mortiers. Il partit avec cet équipage, sous les ordres du vieux Duquêne, qui étoit chargé de l'entreprise, & qui n'en attendoit aucun succès. Duquêne & les Algériens furent étonnés de l'effet des bombes. Une partie de la ville fut écrasée & consumée. Mais cet art, porté bien-tôt chez les autres nations, ne servit qu'à multiplier les calamités humaines, & fut plus d'une fois redoutable à la France, où il fut inventée.

28. Octob. 1681.

La Marine, ainsi perfectionnée en peu d'années, étoit le fruit des soins de Colbert.

bert. Louvois faisoit à l'envi fortifier plus de cent Citadelles. De plus on bâtissoit Huningue, Sar-Louis, les forteresses de Strasbourg, Mont-roial, &c. pendant que le roiaume acquéroit tant de forces au dehors, on ne voioit au dedans que les arts en honneur, l'abondance, les plaisirs. Les étrangers venoient en foule admirer la Cour de Louis XIV. Son nom pénétroit chez tous les peuples du monde.

Son bonheur & sa gloire étoient encor relevés par la foiblesse de la plûpart des autres Rois, & par le malheur de leurs peuples. L'Empereur Léopold avoit alors à craindre les Hongrois révoltés, & surtout les Turcs qui, appellés par les Hongrois, venoient inonder l'Allemagne. La politique de Louis persécutoit les Protestans en France *e*), parce qu'il

e) Les Huguenots sont là plus persécutez par antithese que par politique. Les Protestans ne furent jamais regardez sous Louis XIV comme des ennemis secrets ni comme des sujets dangereux; il ne les persécuta point par politique, mais par pieté, non par raison d'état, mais par raison d'église. Malheureusement, Louis XIV avoit peu de religion & beaucoup de zele; c'est après coup qu'on dît que les religionnairs étoient dangereux; on se consola d'une perte immense par une petite crainte chimérique. NB. Cette Phrase est prise des Mémoirs de Brandebourg P. 172 edit. de Neaulme in 12. Il n'y a point de mal de piller un roi.

qu'il croïoit devoir les mettre hors d'état de lui nuire, mais protégeoit sous main les Protestans de Hongrie, qui pouvoient le servir. Son Ambassadeur à la Porte avoit pressé l'armement des Turcs. L'armée Ottomane, forte de deux-cent-mille combattans, augmentée encor des troupes Hongroises, ne trouvant sur son passage ni villes fortifiées, telles que la France en avoit, ni corps d'armée capable de l'arrêter, pénétra jusqu'aux portes de Vienne, après avoir tout renversé sur son passage.

L'Empereur Léopold quitta d'abord Vienne avec précipitation, & se retira jusqu'à Lintz, à l'approche des Turcs; & quand il sut qu'ils avoient investi Vienne, il ne prit d'autre parti que d'aller encor plus loin jusqu'à Passau, laissant le Duc de Lorraine, à la tête d'une petite armée déja entamée en chemin par les Turcs, soûtenir, comme il pourroit, la fortune de l'Empire.

Personne ne doutoit, que le Grand-Visir Cara Mustapha, qui commandoit l'armée Ottomane, ne se rendît bien-tôt maître de la foible & petite Capitale de l'Allemagne, que les Impériaux regardent comme la Capitale du monde chrétien *f*). On touchoit au moment de la plus terrible révolution.

---

f) Vienne n'est que la capitale de l'Autriche; & jamais les Impériaux ne l'ont regardée comme la capitale du monde Chrétien.

Louis XIV. espéra avec beaucoup de vraisemblance, que l'Allemagne, désolée par les Turcs, & n'aïant contre eux qu'un chef dont la fuite augmentoit la terreur commune, seroit obligée de recourir à la protection de la France. Il avoit une armée sur les frontiéres de l'Empire, prête à le défendre contre ces mêmes Turcs, que ses négociations y avoient amenés. Il pouvoit ainsi devenir le Protecteur de l'Empire & faire son fils Roi des Romains *f*).

Le chef-d'œuvre de sa politique fut d'être encor généreux, en ménageant de si grands intérêts. Il leva le blocus de Luxembourg, quand les Turcs furent auprès de Vienne. „ Je ne veux que le bien de la Chrétienté „ (fit-il dire aux Espagnols) „ je ne veux „ point attaquer un Prince Chrétien, quand „ les Turcs sont dans l'Empire, ni empêcher „ l'Espagne de secourir l'Empereur „. Il ménageoit ainsi sa politique & sa gloire. Mais contre toute attente, Vienne fut délivrée. La présomption du Grand-Visir, & le mépris brutal qu'il avoit pour les Chrétiens, le perdirent. Il ne pressa pas assez le siége. Jean Sobieski eût le tems d'arriver; & avec le secours du Duc de Lorraine, il n'eut qu'à se présenter devant la multitude Ottomanne, pour la mettre en déroute. L'Empereur revint dans

12. Sept. 1683.

―――――――――
f) Il y a trop de poesie dans cette idée.

dans sa Capitale, avec la douleur de l'avoir quittée. Il y rentra, lorsque son libérateur sortoit de l'église, où l'on avoit chanté le *Te Deum*, & où le Prédicateur avoit pris pour son texte, *il fut un homme envoié de Dieu nommé Jean.* Jamais Monarque ne fut plus heureux ni plus humilié que Léopold.

Alors le Roi de France, n'aiant plus rien à ménager, reprit ses prétentions, & recommença les hostilités. Il fit bombarder, assiéger & prendre Luxembourg, Courtrai, Dixmude, en Flandre. Il s'empara de Tréves, & en démolit les fortifications; tout cela, pour remplir, disoit-on, l'esprit des Traités de Nimégue. Les Impériaux & les Espagnols négocioient avec lui à Ratisbonne, pendant qu'il prenoit leurs villes; & la Paix de Nimégue enfreinte fut changée en une Trêve de vingt ans, par laquelle le Roi garda la ville de Luxembourg & sa Principauté.

Il étoit encor plus redouté sur les côtes de l'Afrique, où les François n'étoient connus avant lui, que par les esclaves que faisoient les barbares.

Avril 1684 Alger, deux fois bombardée, envoïa des Députés lui demander pardon, & recevoir la paix; ils rendirent tous les esclaves Chrétiens, & païèrent encor de l'argent, ce qui est la plus grande punition des Corsaires.

Tunis, Tripoli, firent les mêmes soumissions.

sions. Il n'est pas inutile de dire, que lorsque Damfreville, Capitaine de vaisseau, vint délivrer dans Alger tous les esclaves Chrétiens au nom du Roi de France, il se trouva parmi eux beaucoup d'Anglois, qui étant déja à bord, soutinrent à Damfreville, que c'étoit en considération du Roi d'Angleterre, qu'ils étoient mis en liberté. Alors le Capitaine François fit appeller les Algériens, & remettant les Anglois à terre; *ces gens-ci*, dit-il, *prétendent n'être delivrés qu'au nom de leur Roi: le mien ne prend pas la liberté de leur offrir sa protection: je vous les remets; c'est à vous à montrer ce que vous devez au Roi d'Angleterre:* Tous les Anglois furent remis aux fers. La fierté Angloise, la foiblesse du gouvernement de Charles Second, & le respect des nations pour Louis XIV, se font connoître par ce trait. g)

Tel étoit ce respect universel, qu'on accordoit de nouveaux honneurs à son Ambassadeur à la Porte Ottomane, tels que celui du sopha; tandis qu'il humilioit les peuples d'Afrique, qui sont sous la protection du Grand-Seigneur.

La République de Génes s'abaissa encor plus devant lui, que celle d'Alger. Génes avoit

vendu

g) Tout ce conte est parfaitement inutile à dire; il faudroit mille volumes, si l'on vouloit dire tout ce qui est de cette utilité-là.

vendu de la poudre & des bombes aux Algériens. Elle construisoit quatre galéres pour le service de l'Espagne. Le Roi lui défendit, par son Envoïé Saint-Olon son Gentil-homme Ordinaire *b*), de lancer à l'eau les galéres, & la menaça d'un châtiment prompt, si elle ne se soumettoit à ses volontés. Les Génois, irrités de cette entreprise sur leur liberté & comptant trop sur le secours de l'Espagne, ne firent aucune satisfaction. Aussitôt quatorze gros vaisseaux, vingt galéres, dix galiotes à bombes, plusieurs frégates, sortent du port de Toulon. Seignelai, nouveau Secretaire de la Marine, & à qui le fameux Colbert son pere avoit déja fait exercer cet emploi avant sa mort, étoit lui-même sur la flotte. Ce jeune homme, plein d'ambition, de courage, d'esprit, d'activité, vouloit être à la fois guerrier & Ministre; avide de toute espéce de gloire, ardent à tout ce qu'il entreprenoit, & mêlant les plaisirs aux affaires, sans qu'elles en souffrissent. Le vieux Duquêne commandoit les vaisseaux, le Duc de Mortemar les galéres; mais tous deux étoient les courti-

b) Cela ressemble beaucoup à cette formule d'addresse, usitée en Prusse: à mon Envoyé N... mon chambellan. Quelques-uns prétendent que ce St. Olon n'étoit que secretaire d'Ambassade; & c'étoit bien assez pour quelqu'un qui n'étoit que gentilhomme ordinaire.

courtisans du Secretaire d'Etat *i*). On arrive devant Génes; les dix galiotes y jettent quatorze-mille bombes, réduisent en cendres une partie de ces édifices de marbre, qui ont fait donner à la ville le nom de Génes *la superbe*. Quatre-mille soldats débarqués s'avancent jusqu'aux portes, & brûlent le Faubourg de Saint-Pierre d'Aréne. Alors il fallut s'humilier, pour prévenir une ruine totale. Le Roi exigea, que le Doge de Génes & quatre principaux Sénateurs, vinssent implorer sa clémence dans son Palais de Versailles; & de peur que les Génois n'éludassent la satisfaction, & ne dérobassent quelque chose à sa gloire, il voulut que le Doge, qui viendroit lui demander pardon, fût continué dans sa principauté *k*), malgré la loi perpétuelle de Génes, qui ôte cette dignité à tout Doge absent un moment de la Ville.

17. Mars 1684.

IMPERIALE Lescaro, Doge de Génes, avec les Sénateurs Lomelino, Garebardi, Durazzo, Salvago, vinrent à Versailles faire tout ce que le Roi exigeoit d'eux. *l*) Le Doge,

22-Fevr. 1685.

en

i) Pour Mortemar, passe: mais Du Quesne ne fut jamais le courtisan de personne, & dans le sens que vous l'entendez ici ne l'auroit pas été du roi-même.

k) Je ne sai ce que c'est que la *principauté* du doge de Génes dont l'auteur fait une *dignité* dans la ligne suivante.

l) Le doge ne fit pas la dixieme partie de ce qu'on vouloit qu'il fit, ni de ce qu'on assura dans les médailles qu'il avoit fait.

en habit de cérémonie, parla, couvert d'un bonnet de velours rouge qu'il ôtoit souvent: son discours & ses marques de soumission étoient dictés par Seignelai. Le Roi l'écouta, assis & couvert; mais comme, dans toutes les actions de sa vie, il joignoit la politesse à la dignité, il traita Lescaro & les Sénateurs, avec autant de bonté que de faste. Les Ministres Louvois, Croissi & Seignelai, leur firent sentir plus de fierté. Aussi le Doge disoit: *le Roi ôte à nos cœurs la liberté, par la maniére dont il nous reçoit; mais ses Ministres nous la rendent.* Ce Doge étoit un homme de beaucoup d'esprit. Tout le monde sait, que le Marquis de Seignelai, lui aiant demandé ce qu'il trouvoit de plus singulier à Verfailles; il répondit: *c'est de m'y voir*.

L'EXTREME goût que Louis XIV avoit pour les choses d'éclat, fut encor bien plus flaté, par l'Ambassade qu'il reçut de Siam, païs où l'on avoit ignoré jusqu'alors que la France existât. Il étoit arrivé, par une de ces singularités qui prouvent la supériorité des Européans sur les autres nations, qu'un Grec, fils d'un cabaretier de Céphalonie *m*), nommé Phalk Constance *n*) étoit devenu *barca-*
lon

m) Il n'étoit point fils d'un cabaretier, mais d'un noble Venitien, fils du gouverneur de Cephalonie, & d'une fille d'une des plus anciennes familles du païs.

n) Il s'appelloit Constantin Phaulkon, & signoit toujours ainsi.

lon o) c'est-à-dire, Premier-Ministre ou Grand-Visir du roiaume de Siam. Cet homme, dans le dessein de se faire Roi, & dans le besoin qu'il avoit de secours étrangers, n'avoit osé se confier ni aux Anglois ni aux Hollandois ; ce sont des voisins trop dangereux dans les Indes. Les François venoient d'établir des comptoirs sur les côtes de Coromandel, & avoient porté dans ces extrémités de l'Asie, la réputation de leur Roi. Constance crut Louis XIV propre à être flaté par un hommage, qui viendroit de si loin sans être attendu. La Religion, dont les ressorts font joüer la politique du monde depuis Siam jusqu'à Paris, servit encor à ses desseins. Il envoia, au nom du Roi de Siam son maître, une solemnelle Ambassade, avec de grands présens à Louis XIV, pour lui faire entendre que ce Roi Indien, charmé de sa gloire, ne voulut faire de Traité de commerce qu'avec la nation françoise, & qu'il n'étoit pas même éloigné de se faire Chrétien *p*). La grandeur du Roi flatée & sa religion trompée, l'engagérent

1684.

o) Il ne devint point Barkalon ; il refusa cette charge, parce qu'elle n'augmentoit pas son pouvoir & qu'elle augmentoit ses occupations; & l'exposoit à la retraite & à l'envie. Voiez les relations du voiage de Siam par Tachard & par Choisy.

p) L'auteur ne donne point de l'entreprise de Constance l'idée qu'il doit en donner ; elle étoit conduite avec beaucoup de prudence & de secret.

rent à envoïer au Roi de Siam deux Ambassadeurs *q*), six Jésuites; & depuis il y joignit des Officiers avec huit-cent soldats. Mais l'éclat de cette Ambassade Siamoise fut le seul fruit qu'on en retira. Constance périt, victime de son ambition: quelque peu des François qui restérent auprès de lui, furent massacrés; d'autres obligés de fuir; & sa veuve, après avoir été sur le point d'être Reine, fut condamnée par le successeur du Roi de Siam, à servir dans la cuisine, emploi pour lequel elle étoit née *r*).

CETTE soif de gloire, qui portoit Louis XIV à se distinguer en tout des autres Rois, paroissoit encor dans la hauteur qu'il affectoit avec la Cour de Rome. Odescalchi, fils d'un banquier du Milanois, étoit alors sur le trône de l'église, sous le nom d'Innocent XI. C'étoit un homme vertueux, un Pontife sage, peu Théologien; mais Prince courageux, ferme & magnifique. Il secourut, contre les Turcs, l'Empire & la Pologne de son argent, & les Vénitiens de ses galéres. Il condamnoit avec hauteur la conduite de Louis XIV, uni contre les Chrétiens avec les Turcs. On s'étonnoit,

qu'un

q) Il n'y avoit d'Ambassadeur que Mr. le Chevalier de Chaumont; l'abbé de Choisy n'étoit que Coadjuteur & n'avoit point le secret de l'ambassade.

r) Madame Constance n'étoit point née pour cet emploi, elle avoit de la vertu, de la fermeté, de ces qualités qui font les Héroïnes.

qu'un Pape prit si vivement le parti des Empereurs, qui se disent Rois des Romains, & qui (s'ils le pouvoient) regneroient dans Rome. Mais Odescalchi étoit né sous la domination Autrichienne. Il avoit fait deux campagnes dans les troupes du Milanois. L'habitude & l'humeur gouvernent les hommes. Sa fierté s'irritoit contre celle du Roi, qui de son côté lui donnoit toutes les mortifications, qu'un Roi de France peut donner à un Pape, sans rompre de communion avec lui. Il y avoit depuis long-tems dans Rome un abus difficile à déraciner, parce qu'il étoit fondé sur un point d'honneur, dont se piquoient tous les Rois Catholiques. Leurs Ambassadeurs à Rome étendoient le droit de franchise & d'asile affecté à leurs *maisons*, jusqu'à une très-grande distance, qu'on nomme *quartier*. Ces prétentions, toûjours soûtenuës, rendoient la moitié de Rome un asile sûr à tous les crimes. Par un autre abus, ce qui entroit dans Rome sous le nom des Ambassadeurs, ne païoit jamais d'entrée. Le Commerce en souffroit, & l'Etat en étoit appauvri.

1685.
1686.
1687.
1688.

Le Pape Innocent XI obtint enfin de l'Empereur, du Roi d'Espagne, de celui de Pologne, & du nouveau Roi d'Angleterre Jacques Second Prince Catholique, qu'ils renonçassent à ces droits odieux. Le Nonce Ranucci proposa à Louis XIV de concourir, comme les autres

Rois

Rois, à la tranquilité & au bon ordre de Rome. Louis, très-mécontent du Pape, répondit: „ qu'il ne s'étoit jamais réglé sur l'exemple „ d'autrui, & que c'étoit à lui à servir d'exem- „ ple. „ Il envoia à Rome le Marquis de Lavardin en Ambassade, pour braver le Pape. Lavardin entra dans Rome, malgré les défenses du Pontife, escorté de quatre-cent gardes de la marine, de quatre-cent Officiers volontaires, & de deux-cent hommes de livrée, tous armés. Il prit possession de son Palais, de ses quartiers & de l'église de Saint-Louis, autour desquels il fit poster des sentinelles & faire la ronde, comme dans une place de guerre. Le Pape est le seul Souverain, à qui on pût envoïer une telle Ambassade: car la supériorité, qu'il affecte sur les têtes couronnées, leur donne toûjours envie de l'humilier; & la foiblesse de son Etat fait qu'on l'outrage toûjours impunément. Tout ce qu'Innocent XI put faire, fut de se servir, contre le Marquis de Lavardin, des armes usées de l'excommunication; armes, dont on ne fait pas même plus de cas à Rome qu'ailleurs, mais qu'on ne laisse pas d'emploïer comme une ancienne formule, ainsi que les soldats du Pape sont armés seulement pour la forme.

Le Cardinal d'Etrée, homme d'esprit, mais négociateur souvent malheureux, étoit alors chargé des affaires de France à Rome. D'Etrée,

JUSQU'A' 1688. 287

D'Etrée, aiant été obligé de voir souvent le Marquis de Lavardin, ne put être ensuite admis à l'audience du Pape, sans recevoir l'absolution: envain il s'en défendit: Innocent XI s'obstina à la lui donner, pour conserver toûjours cette puissance imaginaire, par les usages sur lesquels elle est fondée.

LOUIS, avec la même hauteur, mais toûjours soûtenuë par les soûterrains de la politique *s*), voulut donner un Electeur à Cologne. Occupé du soin de diviser ou de combattre l'Empire, il prétendoit élever à cet Electorat, le Cardinal de Furstenberg Evêque de Strasbourg, sa créature & la victime de ses intérêts, ennemi irréconciliable de l'Empereur, qui l'avoit fait emprisonner dans la derniére guerre, comme un Allemand vendu à la France.

LE Chapitre de Cologne, comme tous les autres Chapitres d'Allemagne, a le droit de nommer son Evêque, qui par-là devient Electeur. Celui qui remplissoit ce siége, étoit Ferdinand de Baviére, autrefois l'allié & depuis l'ennemi du Roi, comme tant d'autres Princes. Il étoit malade à l'extrémité. L'argent du Roi répandu à propos parmi les Chanoines, les intrigues & les promesses, firent élire le Cardinal de Furstenberg comme Coadjuteur; & après la mort du Prince, il fut élu une seconde fois par la pluralité des suffrages. Le Pape, par le Concordat Germanique, a le droit de conférer l'Evêché à l'élu, & l'Empereur a celui de confirmer à l'Electorat. L'Empereur & le Pape Innocent XI, persuadés que c'étoit presque la même chose,

s) Il me semble que cela n'est pas beau.

chose, de laisser Furstenberg sur ce trône électoral & d'y mettre Louis XIV, s'unirent pour donner cette Principauté au jeune Prince de Bavière, frere du dernier mort. Le Roi se vengea du Pape en lui ôtant Avignon, & prépara la guerre à l'Empereur. Il inquiettoit en même tems l'Electeur Palatin, au sujet des droits de la Princesse Palatine. *Madame*, seconde femme de *Monsieur*; droits auxquels elle avoit renoncé par son contrat de mariage. La guerre, faite à l'Espagne en 1667 pour les droits de Marie Thérése malgré une pareille renonciation, prouve bien que les contrats sont faits pour les particuliers. Voilà comme le Roi, au comble de sa grandeur, indisposa, ou dépouilla, ou humilia presque tous les Princes; mais aussi, presque tous se réunissoient contre lui. *t*)

t) L'auteur annonce dans le titre le *Pape humilié*; l'humiliation fut, cette fois-ci, pour Louis XIV. Il avoit publié des déclarations pour maintenir les droits de son autorité & de son indépendence. Les Evêques avoient parlé plus hardiment, & mieux obéi qu'ils n'avoient jamais fait. Les ambassadeurs de France avoient porté les hauteurs de leur maitre & leur ressentiment particulier jusque dans le Vatican. Les Parlemens avoient procedé contre Rome. On en avoit appellé au concile. Tout cela à quoi aboutit il? à sacrifier au Pape l'honneur du clergé, qui n'avoit rien fait que par ordre de son devoir & du roi.

Fin du Tome premier.

www.ingramcontent.com/pod-product-compliance
Lightning Source LLC
Chambersburg PA
CBHW071507160426
43196CB00010B/1451